Julius Rosen

Il baccio - Schwank in einem Aufzuge

Julius Rosen

Il baccio - Schwank in einem Aufzuge

ISBN/EAN: 9783743402706

Hergestellt in Europa, USA, Kanada, Australien, Japan

Cover: Foto ©ninafisch / pixelio.de

Manufactured and distributed by brebook publishing software (www.brebook.com)

Julius Rosen

Il baccio - Schwank in einem Aufzuge

Il baccio.

Schwank in einem Aufzuge

von

Julius Rosen.

Der Verfasser behält sich und seinen Erben oder Rechtsnachfolgern das ausschließliche Recht vor, die Erlaubniß zur öffentlichen Aufführung, sowie zum Uebersetzen zu ertheilen.

Julius Rosen.

Den Bühnen gegenüber als Manuscript gedruckt und dem Theater-Commissions-Geschäft von H. Michaelson in Berlin zum ausschließlichen Bühnen-Debit übergeben. Geschriebene Exemplare sind unrechtmäßig erworben.

Berlin, 1865.
Druck von Robert Bittner, Leipziger Straße 107.

Personen.

Milde, Hauptmann außer Dienst.
Mathilde, seine Tochter.
Grund, Buch- und Musikalienhändler.
Marie, seine Frau.
Karl Moll, Componist.
Liebe, Geschäftscommis } bei Grund.
Anna, Magd,
Ein Dienstmann.

Ort der Handlung: Grund's Buchladen.

Die Bühne stellt einen hübsch ausgestatteten Buchladen vor. In der Mitte der Dekoration ist eine Glasthür, als Haupteingang, rechts vom Zuschauer und zwar die Bühne in zwei Theile theilend, ist der Ladentisch, mit Büchern Karten und Musikalien bedeckt. Eine Seitenthür und zwar rechts, führt in die Wohnung des Buchhändlers. Links an den Coulissen steht ein Sofa, vor diesem ein Tisch.

Erste Scene.

Grund. Marie. Liebe.

(Grund und Marie treten durch die Seitenthüre ein. Liebe steht hinter dem Verkaufstische).

Marie
(zum Ausgehen angekleidet).
Du begleitest mich also. Nicht wahr?

Grund
(den Hut auf dem Kopf).

Mit Vergnügen, aber leider nur bis an die Straßenecke, denn dort gehen unsere Wege auseinander. Ich muß auf das Postamt, um die angekommenen Bücherballen zu übernehmen.

Marie.
Wenn Du hübsche Damen begegnest, so sieh' nicht nach Ihnen. Verstanden?

Grund.
Wie kannst Du nur denken, liebes Weibchen!

Marie.
Nun nun, versprich nicht zu viel. Wir armen Frauen können nicht Augen genug haben, um Euch Männer

zu überwachen. Der beste von Euch wird bei günstiger Gelegenheit zum Verräther.

Grund (scherzhaft).

Süßes Weibchen, Du bist eifersüchtig?

Marie.

Nicht doch, ich bin nur vorsichtig und das muß jede Frau sein; vor Allem aber die Frau eines Buchhändlers. Im Buchladen versammelt sich tagtäglich die elegante Damenwelt, und der galante Buchhändler hat unter dem Deckmantel der Geschäftshöflichkeit tausend Gelegenheiten, seiner Frau untreu zu werden.

Grund.

Aber liebes Weibchen, Du gehst wohl zu weit —

Marie (heftig).

Habe ich etwa Unrecht? Komme ich nicht täglich in die Lage, Dir eine Scene machen zu müssen? Hüte Dich vor mir! Ich bin ein herzensgutes, sanftes Weib, das mit allen Schwächen, welche Dir, wie jedem Manne ankleben, Nachsicht hat, aber wenn ich erst einmal gegründeten Verdacht fassen müßte —

Grund.

Du bist kindisch, Marie, bedenke, daß unser L i e b e hier ist — (weist nach dem Geschäftscommis).

Marie.

Liebe ist ein Mann, es kann ihm demnach eine solche Vorlesung ebenfalls nur nützen.

Liebe (verbeugt sich).

O ich bitte, gnädige Frau — ich —

Grund

(fällt ihm in's Wort).

Sie bleiben im Geschäft und entfernen sich keinen Augenblick. In einer Viertelstunde bin ich wieder zurück. (Ab mit Marie durch die Mitte.)

Zweite Scene.

Liebe. (Später) Anna. (Dann) Moll.

Liebe

(eine komische Figur, geschmacklos, geckenhaft gekleidet).

Unsere Prinzipalin gefällt mir. Sehr Schade, daß sie so entsetzlich eifersüchtig ist. Sie macht uns Vorwürfe, wenn wir ein hübsches Bild betrachten, und fällt in Ohnmacht, wenn sie eine Venus, oder sonst eine dekoltirte heidnische Gottheit in unseren buchhändlerischen Händen sieht! — Wir Männer sind aber auch ein leichtes, verführerisches Völkchen! Ich kenne das nach mir. Obwohl über die erste Jugendzeit hinaus, bin ich doch niemals ohne irgend eine kleine Liebschaft und gerade jetzt interessirt mich das Hausmädchen, die niedliche Anna ganz absonderlich. Ein nettes, frisches Kind. Wie wäre es, wenn ich die Gelegenheit benützte, um ihr ein Küßchen — (Schnalzt mit den Fingern.) So gut kommt's nicht bald wieder, — wir sind allein zu Hause und Gelegenheit macht Diebe. (Geht zur Seitenthür und ruft.) Aennchen, kommen Sie 'mal heraus.

Anna
(steckt den Kopf zur Thür herein).

Was wollen Sie?

Liebe.

Ich werde es Ihnen erklären, kommen Sie nur heraus.

Anna.

Ich kann nicht. Die Frau kömmt bald zurück und ich habe alle Hände voll zu thun.

Liebe.

Ihre Hände brauche ich nicht, Aennchen — ich begehre nur Ihren schönen Mund!

Anna
(schlägt die Thüre zu).

Sie sind ein Narr!

Liebe.

In's Interessante übersetzt heißt das: Sie sind ein lieber Narr! und was „lieber Narr" bedeutet, wissen wir schon. Wenn ich nur den Laden nicht hüten müßte —

Moll
(tritt durch die Mitte herein).

Herr Grund nicht zu Hause?

Liebe.

Er ist ausgegangen. Befehlen Sie etwas?

Moll.

Meine Sonate geht wohl reißend ab? He?

Liebe.

Wir haben noch nicht ein einziges Exemplar verkauft.

Moll.

Nicht ein einziges Exemplar? Schauderhaft! Ist denn das Publikum den Schönheiten klassischer Musik ganz unzugänglich?

Liebe.

Das Klassische bleibt ewig — (bei Seite) am Lager.

Moll.

Alle Wetter! Meine Sonate muß durchschlagen. Ich habe sie mit zwei Ellen breiten und drei Ellen langen Plakaten in allen möglichen Farben ankündigen lassen, habe sämmtlichen Journalen Prachtexemplare zugeschickt und den unerläßlichen Goldschnitt in natura beigelegt; ich habe endlich meine Melodien auf eigene Kosten auch schon einigen Drehorgeln einverleiben lassen. Da kann der Erfolg nicht ausbleiben.

Liebe.

Was kümmert Sie der Erfolg. Ein Mann mit Ihrem Vermögen —

Moll.

Ich will ja auch keinen Geld=Gewinn, ich strebe nur nach einem Namen. Karl Moll, Hausbesitzer, das klingt höchst prosaisch, aber Karl Moll, der gefeierte Kompositeur, der Regenerator der klassischen Musik, ein Mann, welcher Genie und Thatkraft genug hat, dem verflachten Geschmack der Neuzeit entschieden entgegen zu treten — das zieht, das trägt — in höhere Regionen.

Liebe.

Ich zöge den Titel, „Hausbesitzer" gern vor.

Moll.

Weil Sie eine prosaische Natur sind. Wissen Sie, warum ich hier bin?

Liebe.

Nein. Aber ich möchte anders wo sein.

Moll.

Hören Sie denn, ich will meine Sonate selbst verkaufen helfen. O es ist ein eigenes Hochgefühl, sein Werk unter die Leute zu bringen.

Liebe (bei Seite).

Das kommt mir gelegen. (Laut.) Es ist mir ein Vergnügen, Ihnen gefällig sein zu können, bester Herr Moll. Wenn Sie hier bleiben wollen, kann ich mich einen Augenblick entfernen, um ein dringendes Geschäft zu besorgen.

Moll.

Gehen Sie immerhin — verlassen Sie sich auf mich — ich bleibe hier.

Liebe.

Ich wünsche Ihnen recht viel Arbeit. (Ab nach rechts.)

Dritte Scene.

Karl Moll (allein).

Das klang beinahe wie Ironie! Diese Leute sind doch höchst prosaische Gestalten, an denen von allen Geisteswerken, welche durch ihre Hände gehen, nur der Staub kleben bleibt. (Stellt den Hut auf den Sofatisch.) Wie freue ich mich auf das Gewühl von Käufern, welche hereinströmen werden, sobald meine Plakate affigirt sind. (Geht zur Glasthüre.) Dort an der Ecke prangt schon eines — (ärgerlich) der alberne Austräger hat das Ding zu hoch angeklebt, das kann ja Niemand lesen. Halt — ein Herr bleibt stehen — er liest und will hierher — Nein, er geht vorüber. Dort läuft ein junger Mann, als ob er große Eile hätte. Wohin kann er eilen, als hierher! Er will ankommen, bevor die Auflage vergriffen ist. — Auch der geht vorüber? — Lächerlicher Mensch, ich möchte wissen, warum er so läuft, wenn er nicht hierher kommt. — Was ist das für ein wunderhübsches Mädchen, welches dort aus dem Eckhause tritt? Dieser Wuchs, diese Haltung! — Ich will ihr nach! — Mein Gott, sie geht über die Straße. Sie kömmt hierher! — Wenn die meine Sonate kauft, ich wäre im Stande, sie vom Fleck weg zu heirathen.

Vierte Scene.
Vorige. Mathilde
(elegant gekleidet, kömmt durch die Mitte).

Moll (ihr entgegen).

Mein schönes Fräulein, Sie wissen nicht, wie glücklich Sie mich machen —

Mathilde
(ihn verwundert ansehend).

Ich denke doch, mein Herr, daß ich im Buchladen bin —

Moll.

Allerdings, und zwar in dem Buchladen, in welchem der Glücklichste aller Sterblichen sich befindet — Ihre Schönheit, Ihre Anmuth —

Mathilde (kalt).

Ich verstehe Sie nicht, mein Herr.

Moll.

Sie wollen mich nicht verstehen.

Mathilde.

Lassen Sie das bei Seite. Sind Sie der Buchhändler?

Moll (bei Seite).

Warum soll ich nicht der Buchhändler sein? (Laut.) Zu dienen. Ich bin der Buchhändler. — Sie wünschen ohne Zweifel die neueste Sonate von dem höchst begabten Karl Moll, Opus neun.

Mathilde.

Moll? — Ein ganz unbekannter Name —

Moll.

Ich bin gewiß, daß es ihn glücklich machen würde, Ihre Bekanntschaft zu machen, denn so viel Liebreiz —

Mathilde
(lächelnd, bei Seite).

Ein närrischer Kauz! (Laut.) Sparen Sie Ihre Galanterien für Personen, welche Muße und Lust haben, Sie anzuhören. Ich habe Eile und ersuche Sie, mir so rasch als möglich den „Kuß" zu geben.

Moll (bei Seite).

Den Kuß? Allerreizendste Offenheit! Das heißt Energie! Das ist gottvoll! (Vorkommend, laut.) Im Augenblick, mein Fräulein. (Umarmt und küßt sie.) Ich hoffe, daß Sie zufrieden sein werden!

Mathilde
(ihn zurückstoßend).

Welche Kühnheit, mein Herr. Sind Sie wahnsinnig? Ich werde mich bei meinem Vater beschweren, und er wird Rechenschaft von Ihnen fordern.

Moll.

Ich begreife nicht, was Ihr Herr Vater mit unserem Kusse zu schaffen hat. Sie haben ihn verlangt, und ich war glücklich, zu gehorchen —

Mathilde (zornig).

Lassen Sie die unpassenden Scherze. Sie wissen recht gut, daß ich Arditi's weltbekannten Walzer „der Kuß", il baccio, gemeint habe. So unzarte Galanterien, so unerhörte Zudringlichkeiten kommen einem Geschäftsmanne der Kundschaft gegenüber nicht zu. Die Folgen haben Sie sich selbst zuzuschreiben. (Ab durch die Mitte.)

Moll (entzückt).

Das ist ein Engel! Wie entzückend süß war dieser Kuß, welcher doch nur genommen war, wie himmlisch müßte erst ein gegebener sein. — (Entschlossen.) Das Mädchen wird meine Frau! — O baccio, musikalischer Liebesbote, unter allen Konfusionen, die Du bereits angerichtet, soll sich diese am schönsten lösen. — Ich muß fort (ruft) Liebe, Liebe, kommen Sie ein wenig heraus. (Sucht unter den Noten.) Meine Sonate nehme ich mit, wenn alle meine Bitten ihr Herz nicht rühren, so sollen es meine Melodien vollbringen. (Oeffnet die Thüre und ruft.) So kommen Sie doch! Liebe! Sind Sie denn taub?

Fünfte Scene.

Moll. Liebe
(aus der Thüre rechts).

Liebe
(verlegen, bei Seite).

Wenn er nur nicht gesehen hat, wie ich darin — (macht die Pantomime des Küssens). Da bin ich schon. Brennt es?

Moll
(hat seinen Hut gesucht und gefunden).

Freilich — im Herzen.

Liebe
(erschrocken, bei Seite).

Er hat es wirklich gesehen! (Bittend.) Herr Moll —

Moll
(die Noten suchend).

Das war eine kostbare Kußgeschichte!

Liebe (bei Seite).

Kußgeschichte! Er hat Alles gesehen! (Bittend.) Bester Herr Moll —

Moll (wie oben).

Ich muß nun fort, augenblicklich. Es ist ein gottvolles Mädchen.

Liebe (bei Seite).

Auch das weiß er? (Laut.) Ich versichere Ihnen, Herr Moll —

Moll
(hat die Noten gefunden).

Ihr Prinzipal Grund wird sich todtlachen, wenn er erfährt —

Liebe (bittend).

Lieber Herr Moll! Sie wollen ihm doch nicht sagen, daß —

Moll.

Adieu Freundchen, grüßen Sie mir Grund! Hahaha!
(Ab durch die Mitte.)

Sechste Scene.

Liebe. (Später) Grund.

Liebe.

Das ist eine verteufelte Geschichte. Wenn mein Herr

erfährt, daß ich die schnippische Anna geküßt habe, ist mein moralischer Ruf vernichtet, und wenn er erst gar hört, daß sie diese Huldigung mit einer derben Ohrfeige revangirt hat, bin ich vollends blamirt für Jahrhunderte. Moll muß mir Stillschweigen schwören, oder ich bringe ihn buchhändlerisch um, ich kolportire seine Sonate nicht.

Grund
(durch die Mitte).

Niemand dagewesen?

Liebe (etwas verlegen).

Nicht, daß ich wüßte.

Grund.

Meine Frau noch nicht zurück?

Liebe.

Die Gnädige ist noch ausständig.

Grund
(sieht ihn verwundert an).

Warum sind Sie so verlegen?

Liebe.

Verlegen? Du lieber Gott, ich bin im Buchhandel. Da kommt Verlegenes mitunter vor.

Grund.

Schlechter Witzmacher! Der Wagen mit den Novaballen steht vor dem Magazin. Sehen Sie beim Abladen nach.

Liebe.

Zu Befehl, ich fliege — (Stößt in der Thüre mit Milde zusammen.) Pardon!

Siebente Scene.

Milde (durch die Mitte). Grund.

Milde (ihm nachrufend).

Ihr Pardon! nützt mir den Teufel und bringt meine getretenen Hühneraugen nicht zur Ruhe. (Zu Grund immer barsch.) Sind Sie der Buchhändler?

Grund.

Zu dienen. Was wünschen Sie?

Milde (bei Seite).

Also dieser war's! (Laut.) Geben Sie mir den Kuß.

Grund.

Was wünschen Sie?

Milde.

Hören Sie nicht? Den Kuß.

Grund.

Welchen Kuß?

Milde.

Welchen Kuß! (Barsch.) Wissen Sie als Musikhändler gar nicht, was ein Kuß ist?

Grund (bei Seite).

Ein sonderbarer Mann. (Sich besinnend.) Ach so, Sie wünschen vielleicht den berühmten „baccio" von Arditi!

Milde.

Ist das ein Kuß?

Grund.

Ja wohl. Kuß heißt italienisch baccio.

Milde.

Italienisch oder deutsch, das ist mir gleichviel. Geben Sie mir den Kuß.

Grund.

Bedauere sehr, aber ich habe ihn augenblicklich gerade nicht mehr am Lager. In einigen Stunden vielleicht —

Milde.

Also für mich nicht, aber für meine Tochter hatten Sie den Kuß am Lager?

Grund (erstaunt)

Ihre Tochter? Bitte um Entschuldigung, ich verstehe nicht —

Milde.

Herr, Sie werden mich gleich verstehen, aber dann wehe Ihnen! — War meine Tochter hier?

Grund.

Ihre Tochter? Bitte! Ich habe nicht das Vergnügen, das Fräulein Tochter zu kennen.

Milde.

So! So! Sie kennen jetzt mein Mädchen nicht? Aber geküßt haben Sie es doch?

Grund (erstaunt).

Wie? Ich hätte Ihre Tochter geküßt?

Milde.

Ja, das haben Sie gethan! Elender Verführer! Mein armes unschuldiges Kind, das noch von Niemand geküßt wurde —

Grund.

Wissen Sie das wirklich ganz gewiß?

Milde (böse).

Was? Verleumden wollen Sie mein braves Kind auch noch! — (Zieht ein Kistchen hervor.) Hier sind Pistolen. Wir müssen uns schießen. Wählen Sie!

Grund.

Sie spaßen, mein Herr! Ich versichere Sie, — ich weiß wirklich von gar nichts.

Milde.

Was soll das Leugnen! Meine Mathilde lügt nie. Wenn Sie schon gefrevelt haben, so bleiben Sie wenigstens ein Mann und entwürdigen Sie sich nicht zur Memme! —

Grund (bei Seite).

Mein Himmel! Der Mann ist dem Irrenhause entsprungen; ich muß ihn entfernen, ehe meine Frau kommt, sonst —

Milde.

Was brummen Sie da in den Bart? Kurz und gut. Wollen Sie sich mit mir schießen? —

Grund.

O, ich danke, diese Ehre — ich —

Milde.

Wollen Sie? Ja oder nein? —

Grund (entschlossen).

Nun, wenn es denn sein muß! Nein! —

Milde.

Gut, dann werden Sie mein Mädchen heirathen.

Grund (erschrocken).

Heirathen?! — (Bei Seite.) Herr Gott, meine Frau!

Milde.

Warum zittern Sie? Ist das nicht die natürlichste Consequenz des Kusses?

Grund.

Erlauben Sie gefälligst, mein Herr, daß ich widerspreche. Gesetzt, ich hätte Ihre Fräulein Tochter geküßt, was ich aber nicht gethan habe, so sehe ich doch nicht ein, warum gerade eine Heirath die natürliche Folge sein müßte.

Milde.

Das seht Ihr niemals ein, Ihr jungen Herren von heute; aber ich sehe es ein und Sie werden es auch einsehen, wenn ich Ihnen nicht eine Kugel durch den Kopf jagen soll.

Grund (bei Seite).

Es ist richtig — er ist dem Irrenhause entsprungen. Ich muß scheinbar nachgeben, sonst bringt er mich wirklich um. (Laut.) Nun, nun, werden Sie nur nicht gleich so heftig, die Sache läßt sich ja in Güte abmachen.

Milde.

Wollen Sie mein Mädchen heirathen? Ja oder nein.

Grund (leise).

Ich hole die Polizei. (Laut.) Nun ja, aber das kann doch nicht auf der Stelle geschehen. Sie kennen mich ja auch gar nicht!

Milde.

Was braucht's da viel zu kennen! Sie sind ein selbstständiger Geschäftsmann, welcher keiner Bewilligung bedarf und werden auf der Stelle das Aufgebot besorgen. Ich bin ein alter Soldat. Der alte Vorwärts! war mein Führer. Bei mir geht Alles rasch — biegen oder brechen! Also frisch das Aufgebot! Die schriftliche Bestätigung hierüber bringen Sie mir, und ich will Ihnen sodann auch ein recht gütiger Schwiegervater sein.

Grund (bei Seite).

Er hilft mir selbst fort. (Laut.) Wie Sie befehlen. Ich gehe, und wenn ich wiederkomme, ist gewiß Alles in Ordnung (bei Seite.) — durch die Polizei —

Milde (beruhigt).

So sprechen Sie vernünftig. Mein Tildchen wird sich freuen, denn so viel ich gemerkt habe, war es ihr mit dem Zorne gegen Sie nicht gar zu ernst, und Sie fecker Teufelsmensch haben dem lieben Ding sehr gefallen.

Grund.

Außerordentlich schmeichelhaft. (Bei Seite.) Es ist das beste, ich erhalte ihn bei guter Laune. (Laut.) Ich möchte das Alles sogleich besorgen, aber ich kann doch das Geschäft nicht allein lassen.

Milde.

Thut nichts. Ich bleibe hier. Wird keine Hererei sein, das dumme Zeug da zu verkaufen. Gehen Sie nur, lieber Schwiegersohn, ich will Alles schon besorgen!

Grund (bei Seite).

Schwiegersohn! O Himmel, wenn nur meine Frau recht lange ausbleibt. (Laut.) Also ich gehe, Schwiegerpapa, und bin im Augenblick wieder hier. (Will ab.)

Milde (hält ihn zurück).

Gefühlloser Mensch! Geht fort, ohne mich zu umarmen und ich bin doch so liebevoll mit ihm umgegangen. Umarmen Sie mich, Schwiegersohn! —

Grund (bei Seite).

Auch das noch! (Ihn umarmend.) Mein lieber Schwiegervater, ich gehe — (leise) zur Polizei! — (Ab.)

Achte Scene.
Milde (allein).

Ein herziger Junge, er heirathet — frisch weg um nicht erschossen zu werden. (Lacht.) Es ist im Uebrigen eine sehr komische Heirathsgeschichte, aber ich will Niemand rathen, darüber zu lachen, denn sonst soll ihn das Donnerwetter. Ich bin nun einmal ein solcher Kauz! Immer Vorwärts — biegen oder brechen. Mathildchen ahnt noch nichts von der Wendung der Angelegenheit. Ich muß sie verständigen, damit sie mir keine Sprünge macht. Ich lasse sie hierher kommen, um meinen Schwiegersohn — ja wie heißt er denn gleich — (Mit den Füßen stampfend.) Wer sagt mir nur, wie mein Schwiegersohn heißt? — Hm! da draußen steht ja wohl geschrieben — (geht zur Glasthüre hinaus, sieht auf die Firmatafel und kommt zurück) um meinen Schwiegersohn Grund, ganz richtig, Grund, so heißt er, zu überraschen. (Geht zur Thüre und ruft.) Dienstmann!

Neunte Scene.
Vorige. Ein Dienstmann.

Dienstmann.
Sie befehlen?

Milde.
Gehen Sie in das Eckhaus hinüber und sagen Sie dem Fräulein Mathilde Milde, sie möge zu ihrem Vater in die Buchhandlung Grund kommen. (Giebt ihm Geld.) Haben Sie mich verstanden?

Dienstmann.
Versteht sich, ich bin ja Dienstmann erster Klasse. (Ab.)

Milde.
Sie wird im Anfange heillose Umstände machen, aber heirathen soll sie ihn, oder es giebt ein Donnerwetter. Ich will mir's bequem machen, mein Schwiegersohn wird vielleicht etwas lange ausbleiben. (Legt sich auf das Canapé, zieht seine Pfeife hervor und zündet sie an.) So, nun fühle ich mich ganz behaglich hier, wie nach einer gewonnenen Schlacht!

Zehnte Scene.

Vorige. Marie (durch die Mitte).

Milde,
(ohne seine Stellung zu verändern).
Was wünschen Sie?
Marie
(sieht ihn verwundert an, bei Seite).
Ein Fremder! (Laut.) Diese Frage kömmt wohl mir zu.
Milde (scherzend).
Wollen Sie vielleicht auch einen Kuß?
Marie.
Mein Herr, ich begreife nicht —
Milde (lächelnd).
Sie sollen schon begreifen, wenn nur erst mein Schwiegersohn da wäre! Der verteufelte Mensch muß ganz exquisit küssen.
Marie (erregt).
Sie beleidigen mich, mein Herr, und wenn mein Mann kömmt —
Milde (aufstehend).
Was? Sie haben einen Mann und kommen wohl auch hierher um einen Kuß? Wissen Sie, daß das abscheulich ist?!
Marie.
Ich werde doch zu meinem Manne kommen dürfen?
Milde.
Zu Ihrem Manne können Sie ohne Weiteres, aber zu meinem Schwiegersohn dürfen Sie nicht. Sie sind eine ganz hübsche Frau und —
Marie (beleidigt).
Was kümmert mich denn Ihr Schwiegersohn?
Milde (barsch werdend).
Wenn Sie mein Schwiegersohn nicht kümmert, warum kommen Sie denn hierher?
Marie.
Aber so begreifen Sie doch, ich bin ja hier zu Hause.
Milde.
Sie hier zu Hause? Das werde ich doch wissen! Hier bin ich zu Hause —
Marie.
Vielleicht auch im oberen Stockwerk —

Milde.

Oberes Stockwerk? Werden Sie nicht exklusiv, meine Gnädige, in meinem oberen Stockwerke sieht es ganz gut aus —

Marie.

Sie verstehen mich nicht, mein Herr —

Milde.

Sie verstehen mich aber auch nicht, ich will also Teutsch mit Ihnen reden. Biegen oder brechen! Machen Sie, daß Sie zu Ihrem Manne kommen, denn der Herr, welchen Sie hier suchen, ist nicht Ihr Mann — das ist seit heute mein Schwiegersohn.

Marie.

O, Teutsch habe ich auch gelernt, mein lieber Herr, und sage Ihnen demnach: Machen Sie, daß Sie fortkommen, denn Sie gehören ganz und gar nicht hierher und der Herr, den ich suche, ist seit zwei Monaten mein Mann!

Milde
(zornig lachend).

Hahaha! Sie werden sich wohl in der Hausnummer geirrt haben, ich meine —

Marie (ebenso).

Dasselbe kann ich von Ihnen behaupten, denn ich meine —

Milde, Marie (zugleich).

Den Buchhändler Grund.

Milde.

Kreuzdonnerwetter, Sie wären —

Marie.

Seine Frau — und Sie?

Milde.

Ich bin sein Schwiegervater —

Marie.

Nicht möglich, mein Herr, Sie wollen meinen guten Mann verleumden! — Die Männer taugen freilich alle nicht viel, aber ein solches Ungeheuer ist mein Mann doch nicht, daß er sich nach Vielweiberei sehnte. Auch bin ich eine vortreffliche, sanfte Frau; und mein Mann sehnt sich gewiß nach keiner zweiten. Ich will ihn nur gleich rufen: Grund, Grund! — O wir werden schon sehen, mein Herr, wer Recht behält, Sie, der meinen guten Mann ungerecht beschuldigt — (stampfend) Grund! Ungeheuer, so komm' doch! — Oder ich, welche seine Unschuld vertheidigt — (zur Thüre rechts, daran trommelnd). So komm' doch!

Milde.

Sie trommeln umsonst, meine Guteste! Der Türke

ist leider nicht zu Hause, denn sonst könnten Sie das Vergnügen haben, zu sehen, wie man einen solchen Verräther umbringt. (Langt nach den Pistolen.)

Marie
(ihm rasch entgegen tretend).

Thun Sie die eklichten Dinger da weg, oder Sie sollen mich kennen lernen! — Daß mein Mann nicht zu Hause ist, giebt mir den Beweis, daß er wahrscheinlich auch nur Ihrem Unsinn nachgegeben, und Ihren Forderungen aus Angst vor den Pistolen nachzukommen versprochen hat! Ich kenne meinen Mann — er ist ein friedfertiges Wesen, ohne Ueberfluß von Courage und ich weiß, daß man keine Waffen nöthig hat, um ihn gefügig zu machen. Schämen Sie sich, mein Herr! Sie sind auch einer jener Väter, welche ihre alten, sitzengebliebenen Jungfern mit der Pistole in der Hand unter die Haube bringen möchten!

Milde (fast sprachlos).

Kreuzelement Donnerwetter! Das hat mir noch Niemand gesagt. Sie werden mir Genugthuung geben.

Marie.

Sehr gern! — Aber auf Pistolenschießen verstehe ich mich nicht; meine Waffe ist die Zunge, und wenn Sie Lust haben, machen wir gleich einen Gang mit einander.

Milde.

Gehorsamer Diener, solche Geschütze sind nicht zu vernageln! — Meine Tilde eine sitzengebliebene Jungfer! — Ich platze vor Zorn!

Marie.

Bitte, sich gar nicht zu geniren! — (Geht zornig auf und ab.)

Elfte Scene.

Vorige. Mathilde (tritt ein).

Mathilde.
Sie haben mich rufen lassen, lieber Vater!

Milde.
Komm an mein Herz, armes, betrogenes Geschöpf, Du alte sitzengebliebene Jungfer!

Mathilde (verwundert).
Aber Vater —

Marie
(sich Mathilde genau betrachtend).

Diese ist's? (Bricht nach und nach in ein heftiges Schluchzen aus.) O ich armes, betrogenes Weib!

Mathilde.

Was hat denn die Frau, lieber Vater! Warum weint sie denn? —

Milde.

Hat genügende Ursache dazu, sie ist die Frau Deines Bräutigams!

Mathilde.

Wie?

Marie
(schluchzt, wischt sich sodann die Augen, zu Mathilde, nach und nach vom Weinen zur Heftigkeit übergehend).

Ich bin doch wohl betrogen, das wird mir nun klar! Aber abscheulich ist es von Ihnen, mein Fräulein, daß Sie Ihre Schönheit dazu benützt haben, einer armen Frau ihren einzigen Mann abzulocken — Hatten Sie nicht ledige Männer genug, an denen Sie Ihre Künste versuchen konnten? Es giebt Männer genug auf der Welt, welche keine Frau haben, ich weiß das, denn auch mir haben sie wiederholt nachgestellt! — Aber, wenn mein Mann Ihnen wirklich die Heirath versprochen hat, was ich noch nicht glaube —

Milde.

Ich will Ihnen Gewißheit verschaffen, mein Kind selbst soll Ihnen Alles sagen. Antworte Mathilde, hat Dir der Buchhändler heute Morgen hier nicht einen Kuß geraubt?

Mathilde.

Das that er freilich!

Milde.

Sie hören es selbst!

Marie.

Der Bösewicht! Aber ein Kuß ist noch kein Heirathsversprechen, das weiß ich genau —

Mathilde.

Da man mich nun gar der Verführungskünste anklagt, will ich Alles gestehen. Als Du fortgegangen warst, Vater, um den kecken Menschen zur Verantwortung zu ziehen, kam er selbst zu mir, betheuerte mir, daß er ohne mich nicht leben könne, versprach, mich sogleich zu heirathen, und that dabei so aufrichtig verzweifelnd, daß —

Marie.

Nun, nur weiter, daß —

Mathilde.

Daß es mir leid that um ihn, und ich ihm Hoffnung gab —

Marie.

Sehen Sie, daß ich Recht hatte! Warum wiesen Sie ihn nicht zurück, warum gaben Sie ihm Hoffnung — Sie Verführerin!

Mathilde.

Wie konnte ich wissen, daß er verheirathet sei.

Marie.

Freilich ist es ein Fehler unserer Gesetzgebung, daß die verheiratheten Männer kein Abzeichen tragen müssen! — Wie vielen Unglücksfällen würde vorgebeugt werden! — (Zornig.) Aber warte Verräther, kommst Du mir erst unter die Augen! (Weint vor Zorn.)

Mathilde.

Sie erlauben, lieber Vater, daß ich mich entferne; seine Beschämung würde mir zu wehe thun.

Milde.

Geh' mein Kind, geh' ruhig nach Hause, ich werde Dir Genugthuung verschaffen, verlaß Dich auf mich! Du sollst zufrieden sein.

Mathilde.

Seien Sie nicht gar zu strenge, lieber Vater, daß ihm nur nichts Schlimmes geschieht — ich habe ihm ja schon verziehen. (Ab durch die Mitte.)

Milde.

Ein herrliches Mädchen — und sie konnte er betrügen! Verdient keine Schonung. Ich schieße ihn todt! (Setzt sich auf das Kanapé und untersucht die Pistolen.)

Marie
(geht weinend auf und nieder).

Mein Gott! Solche Falschheit!

Zwölfte Scene.

Vorige. Grund
(tritt durch die Mitte ein).

Grund (für sich).

Die Polizei wird gleich hier sein. (Laut.) Lieber Schwiegervater!

Milde. Marie.

Ha, da ist er! (Stürzen auf ihn zu.) Verräther!

Grund (bei Seite).
Alle Wetter, meine Frau! (Laut.) Was wollt Ihr denn?
Milde.
Herr, wie konnten Sie sich unterstehen, zu versprechen, daß Sie meine Tochter heirathen?
Grund
(sich mühsam fassend).
Ich heirathe sie ja recht gerne! Kommt mir gar nicht darauf an!
Marie.
Du heirathest sie! Elender Verräther, wer bin denn ich?
Milde.
Ja! Wer ist die?
Grund
(seiner Frau Zeichen machend, sie soll stille sein).
Die? Die da? Die kenne ich gar nicht!
Marie.
Er kennt mich nicht, das ist zu viel!
Milde.
Bösewicht ohne Gleichen! Es ist ja Ihre Frau!
Grund.
Mein Herr, Sie werden mir doch zutrauen, daß ich meine Frau kennen werde!
Milde.
Also, das ist nicht Ihre Frau?
Grund
(seine Zeichen wiederholend).
Gar keine Idee! — Die Dame macht sich wohl einen kleinen Scherz mit uns!
Marie.
O mir ist recht scherzhaft zu Muthe. Ich hätte Dir eine kleine Untreue verziehen, denn ich bin eine gute, sanfte Frau, welche Dich innig geliebt hat, aber Du verleugnest mich und nun bin ich nur noch das beleidigte Weib, ein losgelassener Tiger! — Also ich bin nicht Deine Frau? Ich, der Du sechs lange Monate die Cour gemacht hast, die Du bewogen, Dir an den Altar zu folgen; welche seit drei Monaten Deiner Haushaltung vorsteht und mit musterhafter Geduld Deine Schwächen erträgt. — Warten Sie, mein Herr, ich werde Ihnen sogleich unsern Trauschein holen, und Sie können sich selbst amtlich überzeugen, ob ich seine Frau bin oder nicht! — (Will ab nach rechts.)

Grund
(ihr nach, hält sie zurück, leise).

Mach' um Gotteswillen keine Dummheiten, Marie — Herzens-Mariechen — siehst Du denn nicht? der Mann ist ja verrückt, wenn Du so fortfährst, bringt er uns beide um! (Zu Milde) Mit der Frau mag es nicht ganz richtig sein.

Marie.

Mir sagst Du, daß dieser Herr hier verrückt sei, und ihm versicherst Du, daß ich übergeschnappt bin? Verräther ohne Gleichen! Judas in der Ehe!

Milde.

Herr! Was unterstehen Sie sich? Ich war fast so verrückt, Ihnen mein Kind an den Hals werfen zu wollen. Doch ich bin jetzt vollständig zur Besinnung gekommen. Wir werden uns schießen!

Grund

Da haben wir die Bescheerung! Solches Unglück richten die Weiber mit ihrer Zunge an!

Milde
(ihm die Pistolen reichend).

Wählen Sie!

Grund.

Mein Herr, ich kann gar nichts wählen — ich habe immer schlecht gewählt — ich kann ja auch nicht schießen.

Milde.

Noch einmal, wählen Sie — rasch!

Grund.

Aber mein Gott, wir werden doch nicht hier im Buchladen —

Milde.

Hier haben Sie gefrevelt, hier sollen Sie bestraft werden.

Marie.

Warten Sie doch mit dem Umbringen nur noch einen Augenblick, ich habe noch mit dem Menschen da zu sprechen.

Grund (resignirt).

Reden Sie, meine Gnädige.

Marie (verzweifelnd).

Gnädige, sagt er zu seinem Weibe! Es ist entsetzlich!

Grund.

Was wünschen Sie zu erfahren?

Marie.

Ein Mensch, welcher sterben soll, muß die volle Wahrheit reden. Nimm Dir dies zu Herzen und antworte mir. Kennst Du die Tochter dieses Herrn?

Grund.

Nein!

Milde (faßt ihn an).

Wie, Sie kennen meine Tochter nicht? Unverschämter Lügner! Jetzt verleugnet er wieder die! (Hält ihm die Pistolen hin.) Wählen Sie.

Grund.

Aber so warten Sie doch einen Augenblick, sie hören ja, daß ich antworten muß. Wenn sie mich vorher erschießen, erfährt diese Dame nichts!

Marie
(die Hände ringend).

Diese Dame, sagt er! Es ist nicht auszuhalten. Hast Du die Tochter dieses Herren geküßt?

Grund.

Nein!

Milde.

Nun so lügen Sie und der Teufel! Haben Sie mir zuvor nicht gestanden?

Grund.

Ja, aber —

Marie.

Und doch wagst Du zu leugnen! O ich armes Opferlamm!

Grund.

Ich erlaube mir zu bemerken, daß die Herrschaften mich mit ihren Fragen noch allergütigst ganz und gar verrückt machen werden!

Milde.

Und Sie uns mit Ihren Antworten. Reden Sie —

Marie.

Rede!

Grund.

Nur immer eines nach dem andern!

Marie.

Hast Du die Tochter dieses Herren besucht und ihr Deine Hand angetragen?

Grund.

Nein!

Milde.

Mein Herr, Sie wagen es zu behaupten, daß mein frommes Mädchen gelogen hätte?

Grund.

Ich behaupte gar nichts, aber ich rede die Wahrheit!

Milde.

Haben Sie mir versprochen, meine Tochter zu heirathen?

Grund.

Ja, aber —

Marie.

Ja?! Mensch, ich bringe Dich um.

Grund.

Jetzt will sie mich auch umbringen.

Milde.

Haben Sie mir versprochen, beim Pfarrer sogleich die Aufgebote zu besorgen?

Grund.

Ja, aber —

Marie
(sinkt in einen Sessel).

Ich sterbe, das bringt mich um!

Grund.

Da sehen Sie mein Herr, was Sie mit Ihrer Heftigkeit anrichten. Sie bringen hier noch das ganze Haus um!

Milde.

Waren Sie beim Pfarrer?

Grund.

Nein! —

Marie (springt auf).

Sehr vernünftig! Du bist ein guter Mensch, Du hast Deinen Fehler eingesehen, nicht wahr?

Grund.

Nein! —

Marie
(in den Sessel sinkend).

Verstockter Verbrecher! Ich sterbe! —

Grund.

Sie stirbt schon wieder! Nun macht mit mir, was Ihr wollt. Ich antworte nicht mehr, meine Geduld ist zu Ende! — (Zu Milde.) Geben Sie die Pistolen her, und schießen Sie zu, Sie Blutlechzer, denn auf andere Weise wird diese Confusion nicht gelöst! (Nimmt eine Pistole, bei Seite.) Wo nur die Hülfe bleibt! Wenn er mich erschießt, sterbe ich an verspäteter Polizei!

Milde
(stellt sich an dem einen Ende der Bühne).

Zählen Sie acht Schritte ab, und auf drei geben Sie Feuer!

Grund.

Gut! — Vorher aber muß ich dieser Dame, welche allerdings wirklich meine Frau ist —

Milde.

Nun doch wieder! Ha — das verlangt Blut!

Grund.

Haben Sie nur noch einen Augenblick Geduld! Höre mich ruhig an, Marie! — Ich habe heute, außer Dir, überhaupt gar keine Dame geküßt, am allerwenigsten die Tochter dieses Herrn, die ich niemals gesehen, niemals geküßt, ihr niemals die Ehe versprochen; ich kenne diesen Herrn gar nicht, und weiß nur, daß er mich heute morgen zum Schwiegersohn pressen wollte! Ich habe ihm versprochen, seine Tochter zu heirathen, weil er sonst so freundlich sein wollte, mich um zu bringen und ging, aber nicht zum Pfarrer, sondern auf die Polizei, damit der werthgeschätzte Herr da in's Irrenhaus gebracht werde! —

Marie
(auf ihn zu fliegend).

Ist das wahr, Robert?

Grund.

So wahr, als ich hier zum erstenmal in meinem Leben eine geladene Pistole in der Hand halte. So — nun habe ich Alles gesagt, und nun schießen wir drauf los!

Dreizehnte Scene.

Vorige. Mathilde
(kommt eilig durch die Mitte und stürzt auf ihren Vater zu).

Mathilde.

Lieber Vater! Er war schon wieder bei mir und verfolgte mich bis hierher.

Milde (erstaunt).

Wer?

Mathilde.

Er, der Falsche!

Milde.

Da, Dein Bräutigam, der Dich heute geküßt hat?

Mathilde (auf Grund).

Dieser? Du irrst Vater?

Grund.
Habe ich das nicht immer gesagt? Sie wollten ja nicht hören.
Marie (bittend).
Verzeihe, Männchen.
Milde.
Na aber wer hat Dich denn geküßt?
Grund.
Da wirklich geküßt worden ist, und ich nicht geküßt habe, so muß ein Anderer —

Vierzehnte Scene.
Vorige. Liebe
(tritt durch die Mitte ein).

Liebe.
Draußen steht ein Herr von der Polizei —
Grund (zieht ihn vor).
Rabenschwarzer Verräther, Du hast geküßt!
Liebe (resignirt).
Sie wissen? — Ich bin verloren!
Grund (zu Milde).
Da haben Sie den Uebelthäter.
Milde.
Diese Karrikatur hätte es gewagt —
Mathilde.
Nein, lieber Vater! Der auch nicht!
Milde.
Aber wer denn, in's Teufels Namen!
Mathilde.
Der da! (Auf den eintretenden Moll deutend.)

Fünfzehnte Scene.
Vorige. Moll (durch die Mitte).

Milde.
Gott sei Dank, daß wir endlich den rechten haben.

(Zu Moll.) Mein Herr, Sie haben einmal geküßt — na denn küßt Euch in's Gottes Namen weiter drauf los. Willst Du, Mädchen?

Mathilde.

Durch's ganze Leben —

Moll.

Und ich schwärme jetzt nur noch für eine einzige Composition —

Grund
(bezeichnet ironisch das Küssen).

Il baccio!

(Gruppe.)

(Der Vorhang fällt).

(Ende)

Den Bühnen gegenüber als Manuscript gedruckt und dem **Theater-Commissions-Geschäft** von H. Michaelson in Berlin zum ausschließlichen Bühnen-Debit übergeben. Geschriebene Exemplare sind unrechtmäßig erworben.

F. Förster.

Die lachende Anna

und

die weinende Anna.

Schauspiel in 4 Akten, nach dem Französischen,

von

F. Förster.

(Mit großem Beifall aufgeführt an Wallner's Theater in Berlin, im Thalia-Theater in Hamburg, in Frankfurt a. M. ꝛc. In Vorbereitung in Wien ꝛc.)

Berlin, 1862.

Schnellpressendruck von L. Kolbe, Leipziger Straße 86.

Personen.

Madame Rey, (60 Jahre).
Anna Rey, ihre Schwiegertochter, (25 Jahre).
Laurence, ihre Tochter, (20 Jahre).
Anna Vanneau, (27 Jahre).
Borel, Stabsarzt, (30 Jahre).
Bidaut, Notar, (40 Jahre).
Vincent, sein alter Schreiber.
Erster Schreiber.
Zweiter Schreiber.
Schreiberbursch.
Meunier, alter Diener der Madame Rey.

Die Handlung spielt in der französischer Mittelstadt Monluçon.

(Rechts und links vom Schauspieler.)

Erster Akt.

(Arbeitszimmer des Notars Bidaut. Mittel- und Seitenthüren. Ein Ofen in der Mitte des Zimmers. Rechts und links Stehpulte. Im Hintergrunde, zwischen der Mittelthür und der Thür links, das Bureau Vincent's, in dem er sitzt, ohne daß man ihn sieht.)

Erste Scene.
Die drei Schreiber. Vincent.

(Der zweite Schreiber und der Schreiberbursch rechts an ihren Pulten. Vincent sitzt, dem Publikum unsichtbar, in seinem Bureau.)

Zweiter Schreiber (schreibend).
Vor Herrn Emanuel Bidaut, Notar zu Monluçon...

Schreiberbursch (ebenfalls schreibend).
Ich sage Euch, daß Sie ein kleines, schwarzes Mal an der Schulter hat.

Zweiter Schreiber.
Geh doch! — Wann hast Du denn ihre Schultern gesehen? (Schreibend:) „Notar zu Monluçon erschienen heute"...

Schreiberbursch (schreibend).
Gestern Abend. — Ich ging bei der Präfectur vorbei, in dem Augenblick, als die Equipagen zum Ball anlangten. — Als die schöne Madame Rey aus dem Wagen stieg, glitt ihr Pelz von den Schultern und ich sah das Mal.

Zweiter Schreiber.
Was so ein Bursch für Glück hat! — Waren die Schultern hübsch?

Schreiberbursch.
Göttlich!

Vincent, (den man nicht sieht).
Ihre Schultern mögen schön sein, aber ihr Betragen ist es nicht.

Zweiter Schreiber.
Wer sagt denn das? (Sich umsehend.)
Schreiberbursch.
Man verlangt den Sprecher.
Vincent
(sich erhebend und mit dem Kopf über den hohen Rand seines Pults wegsehend).
Ich habe das gesagt!
Zweiter Schreiber.
Das konnte auch kein Anderer sein, Papa Vincent.
Vincent.
Ja, so spreche ich und alle ehrenwerthen Leute der Stadt, die den Obersten Rey, der hier das Regiment commandirte, gekannt haben und die jetzt seine Wittwe auf die Bälle gehen sehen, obgleich das Trauerjahr noch nicht abgelaufen ist. (Setzt sich wieder und verschwindet.)
Schreiberbursch
(aufstehend und seinen Bogen am Ofen trocknend).
Ah bah! — Unser Gesetz berechtigt die Wittwe, sich nach sechs Monaten wieder zu verheirathen. -- Artikel 228.
Zweiter Schreiber.
Richtig!
Vincent (wieder erscheinend).
Richtig! — Und würdet Ihr Madame Rey heirathen... he? —
Zweiter Schreiber.
Heirathen nicht... aber...
Vincent.
Sie ist gerichtet. (Verschwindet wieder.)

Zweite Scene.
Die Vorigen. Anna Vanneau.

Vanneau
(ganz in Schwarz, mit heruntergelassenem Schleier).
Ist Herr Bidaut zu Hause? (Alle Schreiber stehen auf und verneigen sich ehrfurchtsvoll.)
Zweiter Schreiber.
Er ist ausgegangen, Madame... muß aber bald zurückkommen.
Vanneau.
Der erste Secretair?
Zweiter Schreiber.
Ist ebenfalls ausgegangen... wenn Madame jedoch in seinem Kabinet warten will...

Vanneau.
Ich werde warten... ich danke Ihnen, meine Herren.
(Sie geht links ab durch die Thür, die ihr der zweite Schreiber öffnet.)
Vincent (wieder erscheinend).
Würdet Ihr Die heirathen... he? —
Alle.
Das will ich meinen!
Vincent.
Ah! — Ihr seht also, daß die Alten nicht blos leere Schwätzer sind, da Ihr jungen Leute auch einen so scharfen Unterschied zwischen Anna Rey und Anna Vanneau macht.
Schreiberbursch.
Die lachende Anna und die weinende Anna.
Zweiter Schreiber.
Ja... die Namen hat ihnen Herr Bidaut, unser Patron, gegeben... und sie werden ihnen bleiben.
Vincent
(zwischen den Zähnen, indem er Holz in den Ofen legt).
Ja... und die Weinende sollte eigentlich lachen, während die Lachende weinen sollte.
Schreiberbursch.
Weshalb denn? —
Zweiter Schreiber (sich dem Ofen nähernd).
Sie haben Herrn Vanneau auch gekannt, Papa Vincent, nicht wahr? —
Vincent.
Ja, ja... ich habe Vanneau gekannt.
Zweiter Schreiber.
Als Sie Buchhalter in Havre waren?
Vincent.
Ganz recht.
Schreiberbursch (sich nähernd).
Was war denn Herr Vanneau in Havre, Herr Vincent?
Vincent.
Schiffsrehder und Capitain zu gleicher Zeit... so etwas von Schmuggler.
Zweiter Schreiber,
(der sich an den Ofen gesetzt hat).
Hier hat man nie von Herrn Vanneau sprechen hören... und Sie erinnern sich seiner noch?
Vincent.
O... ob ich mich erinnere? (Sein Käppchen abnehmend und seine Stirn zeigend.) Seht Ihr das Andenken da?... Es ist unauslöschlich.

Zweiter Schreiber.
Die Narbe? —
Schreiberbursch.
Ach!? — Ich glaubte, das hätten Sie sich geholt, als Sie bei Ihrer Geliebten aus dem Fenster gestiegen sind.
Vincent.
He? — Laß Dir hiermit gesagt sein, dummer Junge, daß ich niemals eine Geliebte gehabt habe. — Verstehst Du!? —
Zweiter Schreiber.
Sie sagten also, daß Herr Banneau...
Vincent.
Ihr wißt, junge Leute, wie ich die Aufläufe liebe und das Gedränge...
Schreiberbursch.
Wir wissen es, Herr Vincent,... wenn drei Herren und ein Hund beisammen sind, nennen Sie das schon einen Auflauf.
Vincent.
Sei still, Junge! — Eines Tages also gab man im Theater in Havre „eine außerordentliche Vorstellung." — Zuerst kam die „weiße Dame", dann das „Glas Wasser" und zuletzt die „neue Magdalena."
Schreiberbursch.
Donnerwetter! —
Vincent.
Sei still, Junge! — Diese Vorstellung verlockte Euphrosine, meine Frau, die noch nie so viel auf einmal gesehen hatte, und ich mußte sie in's Theater führen. In einem Zwischenakt, als eben das „Glas Wasser" vorbei war, gingen wir in die Conditorei.
Schreiberbursch.
Sie in die Conditorei, Herr Vincent? —
Zweiter Schreiber.
Die Erzählung ist voller Unwahrscheinlichkeiten.
Vincent.
Wollt Ihr mich erzählen lassen!? — (Lebhafter werdend.) Kaum hatten wir uns gesetzt, als sich ein Streit erhob zwischen Banneau...
Zweiter Schreiber (ihn unterbrechend).
Schonen Sie Ihr Organ etwas, Papa Vincent, seine Wittwe ist da drinnen. (Deutet nach dem Kabinet.)
Vincent (leiser fortfahrend).
Zwischen Banneau und einem kleinen, jungen Mann, beinahe noch Kind... um eine Choristin des Theaters. —

Dieser elende Banneau, obgleich erst seit einem Jahr verheirathet, hatte schon... (Spricht den beiden Schreibern in's Ohr.)
Schreiberbursch.
Abscheulich! (Bei Seite.) Wenn ich erst verheirathet sein werde... (Reibt sich vergnügt die Hände.)
Vincent.
Wenn es ein Streit zwischen zwei ausgewachsenen Männern gewesen wäre, hätte ich mich gar nicht hineingemischt, aber zu sehen, wie dieser Banneau, ein Mensch von dreißig Jahren, diesen kleinen Knirps vornahm...
Schreiberbursch.
Das soll doch nicht auf mich gehen, Herr Vincent?
Vincent.
Halt's Maul, Junge! — Das machte mich wüthend. — Ich stürze mich zwischen die Kämpfenden und bekomme mit einem Stuhl einen Schlag auf die Stirn, den Bannau dem Kleinen zugedacht hatte. — Ich falle zu Boden... ich schreie... Euphrosine schreit auch, die Kellner präsentiren mir vier Gläser Wasser auf einmal, indem sie ebenfalls schreien... als plötzlich der Oberst Rey, der damals das Regiment in Havre commandirte, aus seiner Loge tritt. Da er mich blutend am Boden und den Anderen noch mit dem Stuhl bewaffnet sieht, faßt er Herrn Banneau am Arm, übergiebt ihn zwei Soldaten und läßt ihn auf die Wache führen, wie einen Vagabonden.
Schreiberbursch.
Teufel! Das war demüthigend.
Vincent.
Er schrie mir auch noch zu, daß ich ihm das bezahlen solle, daß er mich tödten würde...
Zweiter Schreiber.
Alle Wetter!
Vincent.
Ihr mögt mir nun glauben oder nicht... ich brachte noch in derselben Nacht meine Bücher in Ordnung und am folgenden Tage verließ ich Havre... So kam es, daß Euphrosine, meine Frau, niemals die „neue Magdalena" gesehen hat... sie bereut es noch heute.
Schreiberbursch.
Brave Männer... Sie und der Oberst Rey! —
Vincent.
Ach... an den Letzteren kann ich niemals denken, ohne daß mir die Thränen in die Augen kommen. — Ich habe ihn noch als Kind gekannt, als er seine Ferien in unserer kleinen Stadt zubrachte. — Welche Ueberraschung aber,

als Euphrosine, meine Frau, und ich ihn plötzlich als Oberst wiedersahen... auf einem prächtigen Pferde, an der Spitze seines Regiments. Als er mich bemerkte, mich den alten Schreiber Vincent, der im Straßenkoth watete, meinen Regenschirm unter dem Arm, kam er zu mir geritten, gab mir die Hand und sagte ganz laut, daß seine Soldaten es hören konnten: „Guten Morgen, Herr Notar!" — Er nannte mich Notar, um mir eine Freude zu machen... er war so gut gegen alle Welt. — Und mit sechsunddreißig Jahren getödtet werden! (Nach einer Pause.) Kinder! — Rey und Vanneau sind Beide todt... aber wenn ich den Obersten, durch ein Wunder, einmal wiedersehen könnte, ich glaube, ich stürbe vor Freude.

Schreiberbursch.
Und wenn Sie Herrn Vanneau wiedersähen?

Zweiter Schreiber.
Stürben Sie wahrscheinlich vor Angst.

Vincent.
Ja... ich sage es grade heraus... dann stürbe ich vor Angst.

Schreiberbursch.
Nun erholen Sie sich etwas, Herr Vincent... gehen Sie frühstücken.

Zweiter Schreiber.
Ein inhaltsschweres Wort... frühstücken wir!

Dritte Scene.
Die Vorigen. Borel.

Borel (in der Mittelthür).
Herr Bidaut zu Hause? —

Zweiter Schreiber.
Er muß gleich zurückkommen... wen soll ich ihm melden, wenn ich ihm begegne? —

Borel.
Einen Stabsarzt der Armee.

Zweiter Schreiber.
Wollen Sie nicht die Güte haben, Platz zu nehmen.

Schreiberbursch.
Hier ist eine Zeitung, Herr Stabsarzt.

Borel.
Danke.
(Vincent und die Schreiber ab.)

Vierte Scene.
Borel. Anna Banneau.

Borel
(rechts am Tisch sitzend).

Zwölf Uhr! — Ich werde nicht lange auf den Notar warten können... Anna muß bald aus der Kirche zurückkommen, wo sie ihr Gebet verrichten wollte... (Die Zeitung auf den Tisch legend.) Anna?... Ah! Alles, was sich seit gestern hier zugetragen hat, ist mir wie ein Traum.

Banneau
(aus dem Kabinet tretend).

Meine Herren... (Borel sehend.) Borel! —

Borel (aufstehend).

Sie hier?

Banneau.

Ich war dort im Kabinet des ersten Schreibers und wartete vergebens auf seine Rückkehr... aber... Sie kennen ebenfalls Herrn Bibaut? —

Borel.

Durchaus nicht! — Ein Auftrag für eine andere Person dieser Stadt führt mich hierher... doch lassen wir das! — Ich habe Sie gestern kaum gesehen... kaum gehört, was Sie mir gesagt haben... und heute, da ich Sie wieder erblicke, frage ich mich von Neuem: Sind Sie es denn wirklich? —

Banneau
(sich setzend und seine Hände nehmend).

Ich zweifle nicht, Borel... ich fühle, daß Sie es sind.

Borel.

Sie sind verheirathet!

Banneau.

Sie sollen Alles wissen.

Borel.

Wittwe.

Banneau.

Seit achtzehn Monaten.

Borel.

Frei.

Banneau.

Frei! — Ein Wort, dem nur Ihre Rückkehr Bedeutung verleiht. — Und Sie, Borel? — Was ist aus Ihnen geworden während der dreijährigen Trennung? — Haben

Sie mir den Platz bewahrt, den ich früher in jenem Herzen besaß? —

Borel.

Ich werde das Versprechen halten, das ich Ihnen gab.

Vanneau.

Ja, weil Sie rechtschaffen und edel sind... aber ich will Sie nicht, eines Eides wegen, besitzen... Lieben Sie mich noch, wie ehedem?

Borel.

Ja.

Vanneau.

Sie sagen es mir aber nicht wie sonst.

Borel.

Welche Idee!

Vanneau (ihn firirend).

Hat man Ihnen nicht schön andere Heirathsprojekte vorgeschlagen?

Borel.

Was wollen Sie damit sagen?

Vanneau.

Hat man Ihnen nicht hie und da ein hübsches Kind gezeigt und Sie gefragt, ob Sie sich glücklich fühlen würden in seinem Besitz?

Borel
(seine Verwirrung zu verbergen suchend).

Nein... nein...

Vanneau (aufstehend).

Verzeihen Sie mir... ich bin mißtrauisch, weil ich unglücklich bin... unglücklich durch Sie.

Borel.

Anna!

Vanneau.

Nein... durch mich... durch meine Bestimmung... Sie haben keine Schuld, denn ich erinnere mich mit Stolz jenes Tages, wo Sie mir sagten, daß Sie mich liebten... und hinzufügten, ob ich Ihre Frau werden wolle. — Sie sind stets ein tadelloser Ehrenmann gewesen, dem die Pflicht das erste Gesetz war. Aber, indem ich Ihnen so gern glaubte, kommen mir auch die alten Zweifel wieder zurück.... man hatte unser Geheimniß entdeckt, und wie konnte Ihre Familie zugeben, daß Sie die Gesellschafterin Ihrer Mutter heiratheten? —

Borel.

Ich war entschlossen, jeden Widerstand zu besiegen.

Vanneau.

Man operirte gegen uns, und brachte es dahin, daß Sie zu einem afrikanischen Regiment versetzt wurden. Was der Sohn verweigert hatte, mußte der Soldat und Arzt erfüllen, denn der kennt nur, darf nur die Pflicht kennen. — Sie reisten ab, verließen mich... und ich war entehrt.

Borel.

Sie!? —

Vanneau.

Da mein einziger Beschützer fort war, erhoben die feigen Verleumder ihr Haupt und wagten ganz laut ihre Lügen auszusprechen und unser reines Verhältniß zu begeifern. Sie waren nur nach Afrika gegangen, um einer Sie compromittirenden Verbindung zu entfliehen. — Ich wurde krank... sechs Monate lang kämpfte ich mit dem Tode und wollte gern sterben... Gott erlaubte es mir nicht und, außer Gott,... ein Mann... (Borel blickt sie an; sie fügt hinzu) ein Greis.

Borel (mit halber Stimme).

Ah... ein Greis.

Vanneau.

Er nahm mich aus Mitleid... es war nicht das Glück, das er mir bot... aber es war die Wiederherstellung meiner Ehre... ich wurde seine Frau. — Heute segne ich sein Andenken und, welches auch fernerhin mein Schicksal sein möge, in Glück und Unglück wird sich stets das Gewicht der Dankbarkeit mischen. — Und Sie, Sie werden nicht eifersüchtig sein auf den Todten; denn ich bin ja nicht eine Frau, die ihren Gatten — ich bin eine Tochter, die ihren Vater beweint.

Borel.

Suchen Sie nicht einen so edlen und würdigen Schmerz noch zu rechtfertigen, einen Schmerz, der Ihnen die Achtung und Verehrung der ganzen Stadt zu Theil werden ließ.

Vanneau (lächelnd).

Das sind schöne Worte, mein Freund, für eine arme Frau, die nur das Schweigen und die Vergessenheit sucht.

Borel
(mit bitterem Ton, wie zu sich selbst).

Man muß wohl die Wittwen bewundern, die aufrichtige Thränen weinen, wenn man Andere daneben sieht... die auf den Gräbern ihrer Männer tanzen.

Vanneau.

Von wem sprechen Sie? — Kennen Sie denn...

Borel (lebhaft).

Von Niemand! (Die Thür links öffnet sich und der erste Schreiber erscheint in derselben und grüßt Madame Banneau.)

Banneau (leise).

Ah, der erste Secretair! (Zum Schreiber.) Ich stehe gleich zu Dienst. (Zu Borel.) Sie gehen noch nicht?

Borel.

Ich warte auf Herrn Bibaut und wir gehen dann zusammen. (Anna Banneau links ab, bei dem ersten Schreiber vorbei, der ihr dann folgt. Die Thür bleibt halb offen.)

Fünfte Scene.
Borel. Bibaut.

Borel
(ihr mit den Augen folgend).

Ja... sie... sie allein hätte ich immer lieben sollen... und werde ich immer lieben.

Bibaut (eintretend).

Mein Schreiber hat mir gesagt, daß Sie mich erwarten, Herr Stabsarzt.

Borel.

Herr Bibaut?

Bibaut.

Zu dienen. (Ladet Borel mit einer Handbewegung ein, ihm in sein Kabinet zu folgen.)

Borel.

Ich werde Sie nicht lange aufhalten... Ich bin Stabsarzt und kehre soeben aus Afrika zurück, wo ich von den Kabylen gefangen war.

Bibaut.

Teufel! — Das muß ein schlechtes Vergnügen sein.

Borel.

Ein sehr schlechtes. (Aus seiner Tasche ein kleines Päckchen ziehend.) Ich habe einen Auftrag für eine hier wohnende Familie, und da ich keinen andern Notar kannte und außerdem wußte, daß Sie mit dieser Familie in Verbindung stehen, wollte ich Sie bitten, derselben dies zu übergeben.

Bibaut.

Dies kleine Packet. — Ich sehe in diesem Auftrage allerdings kein Geschäft für den Notar.

Borel
(noch einen Moment der Zögerung).

Ich habe Gründe, die es mir wünschenswerth machen, nicht selbst zu diesen Personen hinzugehen.

Bidaut.

Das ist etwas Anderes. (Nimmt das Packet.) Die Adresse? —

Borel.

An Madame Rey.

Bidaut.

Ich kenne die Dame sehr wenig... aber es thut nichts.

Borel.

Ihre Gefälligkeit hat vielleicht ein Recht auf die nähere Mittheilung der Motive...

Bidaut.

Ich fordere sie nicht, Herr Stabsarzt. — Ich frage gewöhnlich nur nach Namen, Alter, Stand und Wohnort meiner Clienten. — In diesen vier Punkten bin ich von einer wahrhaft grausamen Neugier... das Uebrige ist guter Wille... gleichsam die Gratification der Notare.

Borel.

Ich will Ihnen Alles sagen. (Setzt sich links vom Tisch, während Bidaut sich ihm gegenüber setzt.) Vor zwanzig Monaten wurde ein Feldzug gegen das Innere von Afrika unternommen. Das zweiunddreißigste Regiment unter dem Obersten Rey, durch einen arabischen Führer irre geleitet, fiel in einen Hinterhalt und wurde fast gänzlich aufgerieben... Der Oberst Rey selbst ward tödtlich verwundet. — Ich war neben ihm, als er fiel, nahm ihn in meine Arme und bemühte mich das Blut zu stillen, das gleichzeitig aus vier Wunden floß. — Er öffnete die Augen, machte einen Versuch zu sprechen und ich errieth mehr, als ich sie hörte, jene Worte, die seine letzten sein sollten: „Borel! Ich hinterlasse drei Wittwen: meine Frau, meine Mutter und meine Schwester. Freund! Sorge für sie... Laurence ist Deiner würdig und"... Er beendigte nicht... er konnte mich nur noch auf einige Papiere aufmerksam machen, die er unter seiner Uniform trug und auf das Kreuz, das er selbst abnahm, indem er mit schwacher Stimme hauchte: „Für sie!" — Er sank zurück! — Ich wollte ihn forttragen, als auch mich eine Kugel traf, und zwei Stunden später, als ich wieder zu mir kam, befand ich mich in der Gefangenschaft der Kabylen. — Die Leiche des Obersten Rey war auf dem Schlachtfelde zurückgeblieben.

Bidaut.

Nachdem ich Sie nun gehört habe, Herr Stabsarzt, erkläre ich mir noch weniger als vorhin, was der Notar in der Angelegenheit thun soll. — Die letzten Worte des Obersten Rey und der Auftrag, der damit verbunden war, betrafen ohne Zweifel Mademoiselle Laurence, seine junge Schwester...

Borel (ihn unterbrechend).

Ganz recht, Herr Bidaut. — Dieser Name, diese Worte, welche gleichzeitig eine Jugendliebe erneuten und heiligten, bestimmten mir außerdem das Ziel meines Lebens. — Wieder aus der Gefangenschaft befreit, verließ ich Afrika, eilte hierher in diese Stadt, brennend vor Ungeduld, die Familie wiederzusehen, die ich bereits als die meine betrachtete... (nach einer Pause) aber ich werde nicht zu Madame Rey gehen.

Bidaut.

Weshalb nicht?

Borel.

Vorgestern wurde ich in meinem Hotel, wo die Offiziere der Garnison ihre Ressource haben, von einigen Kameraden wiedererkannt... Sie wollten auf den Ball der Präfectur gehen und baten mich, sie zu begleiten... ich hatte keine Lust und bat sie, mich zu Hause zu lassen, als Einer der Herren, um meine Neugier zu erwecken, mir alle jungen Damen aufzählte, die dort sein würden... Unter diesen Namen war auch „die kleine Madame Rey", wie er sich ausdrückte... So bezeichnete er die Wittwe des Obersten. — Ich mußte mich von der Wahrheit dieser Anschuldigung überzeugen und ging auf den Ball. (Mit Indignation.) Madame Rey und Fräulein Laurence waren dort! — Ich verließ die Präfectur mit blutendem Herzen und dann... weinte ich wie ein Kind und bedauerte den armen, todten Freund dort unten, der doch vielleicht gut daran gethan, zu sterben.

Bidaut.

Ich verstehe Sie, Herr Borel... ich gebe zu, daß die Polka, nach achtzehnmonatlicher Wittwenschaft, etwas verfrüht erscheint... aber Sie werden auch mir nun erlauben, aufrichtig zu sein. — Ich bin toleranter als Sie, Herr Borel, und als die laut schreienden Puritaner unserer Stadt. — Ich habe mir leicht zu sagen, daß ich ein ernster und strenger Mann bin und vierzig Jahre auf dem Rücken habe... aber mein Character und meine Beine sind erst fünfundzwanzig und ich habe auch mit Madame Rey getanzt. — Ich liebe mehr das Rosa als das Schwarz, mehr das Lächeln, das vielleicht ein wenig zu früh kommt, als die falschen Thränen, die zu lange fließen. — Da haben wir zum Beispiel in unserer Stadt eine gewisse Dame, die weint wie eine Fontaine, mit voller Druckkraft, und vor der die ganze Stadt auf die Kniee sinkt. — Na... das ist Geschmacksache... ich bleibe stehen.

Borel (ihn anblickend).

Meinen Sie Madame Vanneau?

Bidaut.

Ah! Sie kennen Sie? — Dann wissen Sie also ebenso gut wie ich die Komödie, die sie den Leuten vorspielt.

Borel
(aufstehend, mit großer Ruhe).

Ehe Sie noch ein einziges Wort hinzufügen, Herr Bidaut, lassen Sie sich sagen, daß ich Madame Vanneau heirathen werde und daß ich Moritz Borel heiße.

Bidaut (noch sitzend).

Moritz Borel?

Borel.

Haben Sie jetzt noch den Muth fortzufahren?

Bidaut.

Moritz Borel? — Sind Sie vielleicht ein Verwandter von Peter Borel, der Advokat in Lyon war?

Borel.

Ich bin sein Sohn.

Bidaut (lebhaft).

Sie!... (Aufstehend, mit Ruhe.) Wohlan, Herr Borel, ich liebe es, die Wahrheit grade heraus zu sagen: Vor zwanzig Jahren hat Ihr Vater dem meinen die Ehre gerettet... folglich habe ich den Muth fortzufahren und ich fahre fort.

Borel.

Sie wären der Sohn von Adrien Bidaut?

Bidaut.

Ja... das ist wenigstens eine allgemein verbreitete Ansicht... (Lebhaft.) Lassen Sie sich dadurch übrigens in Ihren sonstigen Absichten mit mir durchaus nicht stören... Wollen Sie sich mit mir schlagen... gut! — Sie sind Militair und außerdem Arzt... ich kann also dem Tode gar nicht entgehen... eben deshalb aber muß ich sprechen, so lange ich noch Zeit dazu habe.

Borel (bei Seite).

Ein sonderbarer Mann! (Laut.) Sie kennen Madame Vanneau?

Bidaut.

Wenig.

Borel.

Sie haben Herrn Vanneau gekannt?

Bibaut.
Gar nicht... ich bin niemals in Havre gewesen.
Borel.
Und dennoch verdächtigen Sie eine Frau, die ihren Mann beweint?
Bibaut.
Ja! — Weil dieser Mann nicht verdiente, beweint zu werden.
Borel.
Was berechtigt Sie, das zu sagen?
Bibaut.
Der Umstand, daß er seine Frau betrog.
Borel (erstaunt).
Herr Vanneau?
Bibaut.
Daß er sie mißhandelte.
Borel.
Herr Vanneau? —
Bibaut.
Daß diese Frau, die außer sich darüber war, jeden Abend, im heruntergelassenem Schleier, an die Thür des Theaters ging, wo er seine Geliebten hatte, um ihn zu erwarten. — Liegt in dem Allen soviel Stoff zu ewigen Thränen? —
Borel.
Und Sie sprechen von Herrn Vanneau?
Bibaut.
Nun natürlich!
Borel.
Ein Greis!?
Bibaut (lachend).
Warum nicht gar! — Er war dreißig Jahre alt! — Wenn Sie das einen Greis nennen, da bin ich ja schon eine Leiche.
Borel.
Nein... nein... es ist unmöglich!
Bibaut.
So unmöglich, daß, als er sich das letzte Mal einschiffte, man auf Scheidung prozessiren wollte.
Borel (ihn anblickend).
Für einen Mann, der Herrn Vanneau nicht gekannt hat, wissen Sie sehr viel von seiner Geschichte.
Bibaut.
Allerdings weit mehr als die ganze Stadt, die Madame Vanneau für eine Heilige hält.

Borel.
Wer hat Ihnen also erzählt?...
Bidaut.
Mein alter Schreiber, der Vanneau sehr gut kannte.
Borel (bei Seite).
Mein Gott! — (Laut.) Es sei! — Ich gebe zu, daß das Betragen der Dame nur Lüge und Heuchelei sein könnte... aber weshalb das Alles?... Zu welchem Zweck? — Antworten Sie mir darauf.
Bidaut.
Damit die guten Frauen unserer Stadt sich vor ihr beugen; damit meine Schreiber den Hut vor ihr ziehen, damit der Bürgermeister sie bewundert und, vor allen Dingen; damit sich ein mitleidiger Mann findet, der sie tröstet... und entschädigt für den unersetzlichen Verlust. — Es giebt Leute, die gern über sich weinen lassen und deshalb solche... aufgezogene Schleuse heirathen. — Nun habe ich Ihnen gesagt, was ich sagen mußte, Herr Borel... bedenken Sie daher und überlegen Sie. — Wenn ich Sie beleidigt habe, werden wir uns schlagen und Sie werden mich tödten, was jedenfalls von der Hand eines so geschickten Arztes gar nicht so unangenehm sein muß... habe ich Sie aber nicht beleidigt, so werden wir uns die Hand drücken. (Seine Papiere wieder nehmend.) Ich will mich nur dieser Papiere entledigen und dann zu der andern Anna gehen... zu der lachenden... die mir lieber ist, als die weinende. (Im Abgehen.) Ueberlegen Sie, Herr Borel. (Ab.)

Sechste Scene.
Borel. Anna Vanneau.

Borel
(ist auf einen Stuhl gesunken und mit trüben Gedanken beschäftigt).
Vanneau
(tritt sehr blaß aus der halb offenen Thür; bei Seite).
Der Elende! — Er hat mich zu Grunde gerichtet.
Borel (aufstehend).
Da ist sie. (Nähert sich ihr und bietet ihr seinen Arm. — Mit kurzem Ton.) Kommen Sie, Madame.
Vanneau.
Sie scheinen übler Laune, Borel?
Borel.
Durchaus nicht... haben Sie Ihr Geschäft beendigt?

Vanneau.

Vollständig.

Borel.

So kommen Sie.

Vanneau.

Nein. — Obgleich wir so lange von einander getrennt waren, habe ich doch nicht vergessen, auf Ihrem Antlitz zu lesen... Sie haben etwas? —

Borel.

Nichts.

Vanneau (nach einer Pause).

Mich beschleicht eine traurige Idee, Moritz... Sie werden mich nicht heirathen.

Borel.

Weshalb nicht?

Vanneau.

Was weiß ich? — Läßt sich ein Gefühl erklären? — Weil Sie mich schon einmal verlassen haben, glaube ich vielleicht, daß es wieder geschehen könne. — Damals geschah es, weil Sie der Pflicht gehorchen mußten, jetzt wird es geschehen, weil Sie mich weniger, weil Sie mich nicht mehr lieben.

Borel.

Und welchen Grund sollte ich denn haben, Sie weniger zu lieben?

Vanneau.

Vielleicht, weil man mich bei Ihnen verleumden wird... Ich habe Feinde, Borel.

Borel.

Sie?... Eine Frau? — Und wer sind diese Feinde?

Vanneau.

Diejenigen, die nach meiner Hand gestrebt haben, seitdem sie frei ist und deren Stolz von meiner Weigerung beleidigt wurde... o, ich weiß es... es sind bereits unbestimmte Drohungen an mein Ohr gelangt... ich habe Briefe ohne Unterschrift erhalten, die ich Ihnen zeigen werde.

Borel.

Aber diese Feinde... wer sind Sie denn... wer? —

Vanneau.

Sie kennen Sie nicht?

Borel.

Nicht einen!

Vanneau.

Nicht einen?... O doch! — Als ich heute Morgen hierher kam, um eine Erbschaftsangelegenheit des Herrn

Vanneau zu ordnen... an wen habe ich mich da gewandt? — An den ersten Secretair und nicht an Herrn Bidaut selbst.

Borel (sie anblickend).

Ah!

Vanneau.

Weil Herr Bidaut... (Inne haltend.) Doch nein, es ist unrecht von mir, Ihnen das zu sagen... kommen Sie!

Borel.

Sprechen Sie; ich will es!

Vanneau.

Gott bewahre mich davor, Herrn Bidaut mit den Elenden auf eine Stufe zu stellen, die mir gedroht haben. — Ich halte ihn einer Schändlichkeit für unfähig. Außerdem weiß er Nichts von unserer Vergangenheit, noch von unsern Plänen für die Zukunft... er wird kaum mit Ihnen von mir gesprochen haben... nicht wahr? — Aber er wird eines Tages, bald vielleicht, mehr erfahren... er wird erfahren, daß dies Herz und diese Hand, die ich Anderen verweigerte, für Sie aufbewahrt wurden, Borel,... und dann... ein erster Betrug kann mich in diesem Falle ungerecht machen... aber wer weiß? — Herr Bidaut wird, so gut wie jeder andere unglückliche Bewerber, unsere Heirath zu verhindern suchen... aus welchen Motiven, weiß ich nicht... aber er wird es vielleicht thun.

Borel.

Er hat es gethan... er hat gesprochen... (Mit Kraft.) Er hat gelogen. (Will auf Bidaut's Thür zu.)

Vanneau (ihn zurückhaltend).

Borel!

Borel.

Lassen Sie mich!

Vanneau.

Im Namen unserer Liebe, im Namen unseres Glücks!... Eine Scene mit diesem Mann, ein Duell, und meine Ehre ist vernichtet für immer! — Borel! — Wollen Sie, daß man Sie noch einmal für meinen Liebhaber hält!? —

Borel.

Werde ich nicht Ihr Gatte sein?

Vanneau.

Wer weiß?! —

Borel.

In einer Stunde soll die ganze Stadt es wissen.

Vanneau
(mit auflodernder Freude).

Ah! Sie lieben mich! — O, mein Freund! Verbergen

wir diese Liebe, verbergen wir unser Glück! — Die Welt
ist voll Neid und gönnt uns das nicht, was sie selbst nicht
hat. (Bibaut tritt ein.) Moritz! — Denken Sie an mich.

Siebente Scene.
Die Vorigen. **Bibaut** (mit dem Päckchen, das ihm Bo=
rel gab).

Bibaut.

Nun, Herr Borel? —

Borel.

Geben Sie mir die Papiere wieder, Herr Bibaut...
ich werde sie selbst besorgen.

Bibaut.

Ah!

Borel.

Kommen Sie, Madame! (Mit Anna Vanneau ab.)

Achte Scene.
Bibaut. (Dann) **Vincent** (und) **die Schreiber.**

Bibaut (ganz verblüfft).

Was, zum Teufel, kann sie ihm denn gesagt haben? —
Ah! Wahrscheinlich eine von jenen unverschämten Frauen=
lügen, die selbst einem Advokaten imponiren können. (Seinen
Hut wegstellend.) Mein Geschäft ist also aus. (Nimmt mecha=
nisch ein Blatt Papier vom Bureau des zweiten Schreibers und liest.)
„Vor Herrn Emanuel Bibaut, Notar zu Montluçon, er=
schienen heute zwei göttliche Schultern mit einem kleinen,
schwarzen Mal..." Was ist denn das? — (Er hält
brüsk das Papier dem alten Vincent unter die Nase, der soeben mit
dem zweiten Schreiber und dem Schreiberburschen eingetreten ist,
welche letztere Beide sogleich auf ihre Plätze geeilt sind.)

Vincent
(liest das Papier mit ganz verdutzter Miene und läuft dann zum
Schreiberburschen, dem er die Ohren zieht).

(Der Vorhang fällt.)

Zweiter Akt.

(Zimmer bei Madame Rey. Thür im Fond und links. An derselben Seite in der Ecke ein Fenster. Diesem gegenüber in der andern Ecke die Thür zum Zimmer der Madame Rey Mutter. Neben dieser Thür ein Kamin. Zwischen Mittelthür und Fenster ein Canapé, vor welchem ein kleiner Tisch. Ein anderer Tisch, rechts, vor dem Kamin mit Albums, Handschuhen, einem Fächer. Hinter demselben ein großer Fauteuil.)

Erste Scene.

Meunier. (Dann) **Anna Rey** (und) **Laurence.**

Meunier
(ordnet die Möbel. Es wird geklingelt. Er geht an die Mittelthür).

Mad. Rey,
(die man nicht sieht).

Meunier!

Meunier.

Madame?...

Mad. Rey.

Es hat geklingelt! — Oeffne!

Meunier (an der Mittelthür).

Marguerite hat schon geöffnet, Madame.

Mad. Rey.

War es der Briefträger? — Sage es gleich meiner Schwiegertochter.

Meunier.

Es ist kein Brief, Madame, es ist Madame Rey, die zurückkommt mit Fräulein Laurence.
(Anna Rey tritt ein, gefolgt von Laurence; Beide in Concert-Toilette. Anna geht durch das Zimmer, macht Meunier ein Zeichen mit dem Kopf und geht dann links ab; Laurence schickt sich an, ihr zu folgen.)

Meunier
(geheimnißvoll zu Laurence).

Mademoiselle!

Laurence (stehen bleibend).
Was willst Du, Meunier?
Meunier
(noch nicht mit der Sprache herauskönnend).
Haben Sie sich im Concert gut amüsirt, Mademoiselle?
Laurence.
Nein... Die Musik macht mich traurig... Anna weiß es wohl und wollte mich nicht in's Concert führen, aber Mama bestand darauf, und Du weißt, mein guter Meunier...
Meunier.
Ach ja... aber da fällt mir ein... Madame fragte mich eben, ob ein Brief angekommen wäre.
Laurence.
Ah, richtig... es ist heute der fünfte... ich werde Anna daran erinnern. (Schickt sich an, abzugehen.)
Meunier (dreister werdend).
Mademoiselle!
Laurence.
Was hast Du denn noch? (Legt ihren Mantel auf das Canapé.)
Meunier.
Sie werden es recht komisch finden, was ich Ihnen sagen werde... aber das schadet Nichts... ich muß es Ihnen doch sagen... Erinnern Sie sich noch des Herrn Borel? —
Laurence (verwirrt).
Borel? — (Sich beherrschend.) Gewiß entsinne ich mich seiner, wie aller Offiziere vom Regiment meines unglücklichen Bruders... dessen bester Freund er war. — Aber weshalb fragst Du mich nach Herrn Borel? —
Meunier (mit halber Stimme).
Weil ich ihn... vorhin... zu sehen glaubte.
Laurence (lebhaft).
Was sagst Du?
Meunier.
Madame saß dort in dem großen Fauteuil... ich öffnete auf ihren Befehl das Fenster... und sah dabei auf der Straße einen jungen Mann in Civil vorübergehen, der Herrn Borel auffallend glich. —
Laurence (freudig).
Aber ich habe ihn ja auch gesehen, Meunier... ich auch.
Meunier.
Auf der Straße, nicht wahr?
Laurence.
Nein... vorgestern, auf dem Ball.

Meunier.

Sehen Sie wohl!

Laurence.

Ich saß neben meiner Schwägerin, als meine Blicke auf eine Gruppe am andern Ende des Saales fielen, in der ich Herrn Borel zu bemerken glaubte... ich stand schnell auf, was vielleicht etwas unbesonnen war, und als Anna mich fragte, was mir wäre, war die Erscheinung bereits verschwunden und ich wagte es nicht, mit ihr darüber zu sprechen. Ich mußte mich ja geirrt haben. (Traurig.) Herr Borel ist ja in Afrika, von wo er uns nur ein einziges Mal geschrieben hat, und zwar damals, als er uns den Tod meines guten Bruders anzeigte.

Meunier.

Aber, Mademoiselle... man kann doch aus Afrika zurückkommen... und ich kann Ihnen nur wiederholen, die Aehnlichkeit war so schlagend, daß ich unwillkürlich ausrief: Sehen Sie doch, Madame!

Laurence.

Wie? — Zu meiner Mutter hast Du das gesagt?

Meunier.

Ja... es war ein rechter Unsinn... zu einer Blinden zu sagen: Sehen Sie doch. — Madame hat auch herzlich darüber gelacht.

Laurence,
(nachdenklich sich dem Piano nähernd).

Sie hat darüber gelacht! — Sie lacht noch, die gute Mutter!... Sie kann lachen, während... (Einen Blick aus dem Fenster werfend und einen Schrei ausstoßend.) Ah!

Meunier (erschreckt).

Mademoiselle!

Laurence.

Diesmal habe ich mich nicht geirrt... er war es Meunier, er war es!

Meunier
(an das Fenster laufend).

Habe ich es Ihnen nicht gesagt? —

Laurence
(wankt und hält sich an einem Stuhl).

Ah!

Meunier (erstaunt).

Wie Sie das angreift, Mademoiselle.

Laurence (sich beherrschend).

Ach nein... aber wenn man Jemand fern glaubt, und ihn so plötzlich wiedersieht...

Meunier (naiv).

Ich habe ihn doch aber auch plötzlich wiedergesehen und mir ist nicht so dabei geworden.

Laurence
(aus dem Fenster blickend).

Sieh doch, Meunier!

Meunier.

Er entfernt sich.

Laurence (freudig).

Nein! — Er steht still! — Er kehrt um... er kommt auf das Haus zu.

Meunier.

Er klingelt. (Man hört klingeln.)

Laurence.

Geh' doch und öffne... aber so geh' doch!

Meunier (im Abgehen).

Ich sagte ja gleich, daß er es wäre.

Laurence (rufend).

Anna! Anna! — Komm schnell! — Herr Borel ist da! —

Zweite Scene.

Laurence. Anna Rey. (Dann) Borel (und) Meunier.

Anna (eintretend).

Herr Borel, sagst Du? —

Laurence.

Ja... er kommt... er hat schon geklingelt... da ist er! —

Meunier (hereinlaufend).

Madame! Madame! — Herr Borel!

Anna und Laurence,
(Borel entgegen, der soeben eingetreten ist, bleiben aber auf halbem Wege stehen, als sie Borel's kalte und strenge Miene sehen, mit der er sich kalt und förmlich vor ihnen verbeugt).

Meunier
(erstaunt, mit halber Stimme zu Borel).

Herr Borel... das ist ja Madame Rey... und Mademoiselle Laurence... Erkennen Sie sie denn nicht? —

Borel (leise zu Meunier).

Gewiß, mein guter Meunier... aber... verlaß uns jetzt.

Meunier
(im Abgehen, sehr erstaunt).

Was hat er denn? —

Anna,
(auf Moritz zugehend, mit aufwallendem Gefühl).

Lieber Borel!

Borel (kalt).

Madame!?...

Anna (sich verbessernd).

Herr Borel... wollen Sie nicht die Güte haben, sich zu setzen? (Sie setzt sich auf das Canapé und bezeichnet ihm einen Stuhl.)

Borel.

Ich danke, Madame... Der Auftrag, den ich hier zu erfüllen habe, erfordert wenig Zeit und wenig Worte... ich konnte mich nicht eher seiner entledigen, da ich erst eben aus Afrika zurückgekehrt bin, wo ich Kriegsgefangener bei den Arabern war.

Laurence (bei Seite).

Kriegsgefangener!

Borel,
(das kleine Packet aus der Tasche ziehend).

Dies für Sie, Madame.

Anna
(bewegt und die Blicke auf das Päckchen geheftet).

Kommt das von ihm? —

Borel.

Im Augenblick des... Sterbens... gab mir der Oberst Rey dies Packet, das er stets bei sich trug, und dies Ordenskreuz, mit den Worten: „Für sie". — (Giebt ihr das Päckchen und das Kreuz.)

Anna

Ah! (Sie drückt mit unterdrücktem Schluchzen ihre Lippen auf das Kreuz.)

Borel (bei Seite).

Die Heuchlerin! — In meiner Gegenwart weint sie... und gestern, als sie mich fern glaubte... tanzte sie. (Laut.) Leben Sie wohl, Madame!

Laurence (bei Seite).

Er geht! (Die Kräfte verlassen sie und sie stützt sich an's Sopha.)

Anna (sehr erstaunt, aufstehend).

Sie sagen schon Lebewohl? — Sie verlassen uns, Herr Borel? —

Borel.

Ja, Madame!

Anna.

Aber das ist ja unmöglich! — Sie können so nicht gehen! —

Borel.
Ich habe nichts mehr zu sagen, Madame.
Anna (mit vorwurfsvollem Ton).
Nichts mehr zu sagen? — Oh! — Sie haben ihn sterben sehen, Sie haben seinen letzten Blick, sein letztes Wort empfangen... wir aber wissen nichts weiter, als daß er fern von uns sein Leben ausgehaucht, und daß wir ihn nicht wiedersehen werden... und Sie haben uns Nichts mehr zu sagen?... Nicht einmal das letzte Wort des Sterbenden, das sich in das Herz eingräbt und das mein ist, mein, als der köstlichste Theil seiner Hinterlassenschaft. — Ich bitte Sie, Herr Borel, gehen Sie noch nicht.
Borel (ein wenig erschüttert).
Mein Gott, Madame, was könnte ich denn dem traurigen Briefe noch hinzufügen, den ich Ihnen vor achtzehn Monaten schrieb. (Mit bewegter Stimme.) Ich konnte ihn nicht retten; verzeihen Sie mir.
Anna
(nach einer Pause etwas ruhiger).
Was enthält dieses Päckchen, Herr Borel? —
Borel.
Ohne Zweifel Ihre Briefe, Madame... vielleicht seinen letzten Willen... vielleicht auch... (Er hält inne; seine Hand begegnet unwillkürlich dem Fächer, der auf dem Tisch liegen geblieben ist. Bei Seite.) Auf dem Ball! —
Anna (ihn ansehend).
Vielleicht?...
Borel,
(seinen kalten Ton wieder annehmend).
Wenn in diesen Papieren von einem Plan die Rede sein sollte, der i h m theurer war wie mir, so bitte ich Sie, Madame, keinen Werth mehr darauf legen zu wollen... er ist mit ihm gestorben.
Laurence (bei Seite).
Ich halte mich nicht mehr.
Anna (bei Seite).
Ah, ich errathe... armes Kind! (Laut.) Herr Borel, sein Sie barmherzig und legen Sie diese Kälte ab, die uns in die Seele schneidet. — Dies befremdende Auftreten in einem Hause, das Ihnen früher eine zweite Heimath war, verwirrt mich dergestalt, daß ich kaum wage, Sie jetzt um eine Erklärung zu bitten... versprechen Sie uns daher... morgen oder heute Abend wiederzukommen.

Borel.

Heute Abend? — Haben Sie über denselben noch nicht verfügt? —

Anna.

Ich verstehe Sie nicht.

Borel
(mit dem Fächer spielend).

Haben Sie sich vorgestern auf dem Ball gut amüsirt?

Anna (erschreckt).

Auf dem Ball? — Sie waren auf diesem Ball, Herr Borel? —

Borel.

Weshalb nicht?

Laurence (lebhaft).

Ich habe Sie gesehen!

Borel.

Ja, Madame, ich war dort... und ich hatte keine Ursache, mich zu verbergen... (Mit Kraft.) Ich war dort, um mir das Recht zu verschaffen, die Leute Lügen schelten zu können, die behaupteten, daß unter dieser Menge lächelnder Frauen... sich auch die Wittwe des Obersten Rey befände.

Anna
(bei Seite, wie in's Herz getroffen).

Mein Gott!

Borel.

Aber ich würde es sein, der dann gelogen hätte.

Anna.

Ich habe die Kraft gehabt, die Verurtheilung einer ganzen Stadt zu ertragen... aber auch die Ihre... das ist unmöglich! — Hören Sie mich an!

Borel.

Ich bin nicht Ihr Richter, Madame,... Sie fragten mich; ich habe geantwortet.

Mad. Rey (im andern Zimmer).

Anna! — Laurence! —

Anna.

Himmel!

Borel.

Die Stimme Ihrer Mutter!

Anna (sehr verwirrt).

Herr Borel... kein Wort vor ihr! — (Lebhaft.) Laurence, setze Dich an's Piano!

Laurence.

Ja... ja!

Anna.
Spiele etwas Lustiges… Die Polka… Du weißt ja!
Borel (zu Anna).
Was bedeutet das?
Anna.
Um des Himmels Willen… so seltsam Ihnen auch Alles erscheinen möge, was Sie hören werden… kein Wort vor der Mutter!

Dritte Scene.
Die Vorigen. Madame Rey.

Mad. Rey
(in der Thür rechts erscheinend und tappend den Weg suchend).

Nun? — Ist denn Niemand hier? — Laurence, mein Kind, wo bist Du denn? — (Laurence beginnt eine Polka zu spielen.)

Mad. Rey,
(nachdem sie einen Augenblick gelauscht).

Sehr hübsch, mein Kind, sehr hübsch! Ich liebe diese fröhlichen Melodieen. — Von wem ist die Polka, mein Kind?

Borel (bei Seite).
Und so spricht seine Mutter?

Mad. Rey (zu Laurence).
Wie?

Laurence (noch spielend).
Ich spiele aus der Erinnerung, Mama,… eine Polka, die ich irgendwo gehört habe… ich glaube vorgestern.

Mad. Rey.
Ach ja, auf dem Ball bei dem Präfecten… Nun!?… Soll ich denn hier stehen bleiben? —

Anna (zu ihr gehend).
Hier bin ich, Mutter.

Mad. Rey
(sie auf die Stirn küssend).

Schnell doch… wie soll ich denn vorwärts kommen, ohne Deinen Arm und Deine Augen? (Anna führt Madame Rey zu dem großen Fauteuil, den sie erst rasch verschiebt. Madame Rey trällert während des Gehens die Polka, die Laurence gespielt hat.)

Borel (bei Seite).
Welches Geheimniß!

Mad. Rey,
(nachdem sie aufgehört zu singen).

Hübsche Polka! (Setzt sich.) Aber erzählt mir doch von dem Ball… Er war sehr schön, nicht wahr? — Blumen…

Toiletten... alle die herrlichen Sachen, die ich nicht mehr sehe... als in der Erinnerung. — Aber antwortet mir doch!

Anna
(einen bittenden Blick auf Borel werfend).

Ja, Mutter, der Ball war reizend.

Mad. Rey.

Und Deine Toilette hat alle Anderen verdunkelt... wie? — Du hattest ein rosa Kleid an, nicht wahr?

Anna (mit Anstrengung).

Ja, Mutter... Rosa!

Mad. Rey.

Und Du, Laurence, hast Du Dich auch amüsirt? —

Laurence
(das Piano verlassend).

Ja, Mama!

Mad. Rey.

Hast Du viel getanzt? —

Laurence
(nach einer Zögerung).

Sehr viel.

Mad. Rey.

Aber was ist denn das? — Ich muß Euch ja jedes Wort entreißen, als wenn es das Geständniß einer Schuld beträfe. — Wenn ich früher vom Ball kam, summte mir die Musik noch acht Tage in den Ohren und selbst im Schlaf tanzte meine Phantasie noch immer weiter... immer weiter, und so lebhaft, daß ich einmal dabei fast aus dem Bett gefallen bin. — Anna, mein liebes Kind, ich will, daß Du mir alle kleinen Einzelnheiten des Balles erzählst und daß Du es nachher auch meinem Sohn schreibst, hörst Du? —

Borel (bei Seite).

An ihren Sohn!? (Zu Anna, leise.) An ihren Sohn, der todt ist? —

Anna
(leise, ihm die Hand drückend).

Für die Mutter lebt er! — Aber bitte! Kein Wort!

Mad. Rey (fortfahrend).

Obgleich ich eigentlich gar nicht zufrieden mit ihm bin. Nein! — Sein letzter Brief athmete nicht mehr jene hübsche Soldatenfröhlichkeit, die ich so liebe... O, Du hast das auch gefühlt, Anna, denn Du lasest den Brief mit unsicherer Stimme, als wenn Du hättest die Thränen zurückhalten wollen.

Anna.

Welche Idee!

Mad. Rey.

Ich hoffe, daß der nächste Brief... (Plötzlich.) Ach, mein Gott! — Aber sind wir denn alle Drei toll geworden, ist denn nicht heute... ja... heut' ist ja der fünfte... Mittag bereits vorbei... ist denn der Briefträger noch nicht gekommen?

Laurence.

Mama!

Anna.

Beruhige Dich, Mutter... ich werde Meunier sogleich fragen. (Sie klingelt.)

Mad. Rey.

Wenn mein Sohn krank wäre, würdet Ihr es mir sagen, nicht wahr? — Ihr würdet nicht den Muth haben, eine alte Frau zu täuschen, die nicht weiß, was um sie her vorgeht.

Anna.

Nein, nein!

Borel (bei Seite).

O, die Unglückliche! — Was wird sie thun? —

Vierte Scene.
Die Vorigen. Meunier.

Anna.

Nun, Meunier... ist kein Brief vom Obersten gekommen? —

Meunier
(Anna's Zeichen verstehend).

Gewiß, Madame, gewiß... hier ist einer... mit dem Poststempel Algier.

Mad. Rey
(glücklich, und die Hand ausstreckend).

Ah!

Anna (lebhaft).

Gieb!

Meunier.

Hier! (Thut so, als gäbe er Anna einen Brief.)

Borel (bei Seite).

Nein! — Das ist unmöglich! (Macht eine Bewegung gegen Meunier.)

Laurence (seine Hand ergreifend).

O bitte, schweigen Sie!

Mad. Rey.

Dank, mein guter Meunier! Du weißt nicht, wie wohl

Du mir gethan haſt. (Während Meunier abgeht.) Schnell, Anna!... Schnell, mein Kind!

Anna
(ein Blatt weißes Papier vom Tiſch nehmend, das ſie knittert; bei Seite).

Wieder dieſe entſetzliche Komödie!

Borel (bei Seite).

Ich fange an zu verſtehen.

Anna
(thut, als wenn ſie den Brief läſe).

„Liebe Mutter!"

Mad. Rey.

Ah! Dies Mal ſchreibt er an mich? — Sei nicht eiferſüchtig, Anna, Du haſt öfter den Vorzug... aber lies nur, lies nur! —

Anna.

„Liebe Mutter! Ich habe kaum Zeit zu einigen, wenigen Zeilen. Das Regiment iſt im Begriff ſich nach Conſtantine zurückzubegeben."

Mad. Rey.

Deſto beſſer! — Da kann er ſich ruhen! —

Anna (bei Seite).

Sich ruhen! (Sie ſcheint, mit einem bittenden Blick, Borel für die Lüge um Verzeihung bitten zu wollen.)

Mad. Rey.

Weiter!

Anna.

„Aber ich will Dich wenigſtens dem Eindruck entreißen, den mein voriger, etwas trauriger Brief möglicherweiſe auf Dich gemacht haben könnte; denn ich war nicht ganz wohl, als ich ihn ſchrieb... (Schnell hinzuſetzend.) Heute aber bin ich vollſtändig wiederhergeſtellt."

Mad. Rey.

Siehſt Du!... Ich ſagte es ja. — Doch weiter! — Er wird uns vielleicht ſeine Rückkehr anzeigen.

Anna,
(die bei den letzten Worten gezittert hat).

„Da ſich unſere Colonne dem Inneren Afrika's zuwendet, habe ich... keine Hoffnung... auf eine... baldige Rückkehr... in Eure Mitte." (Ihre Stimme zittert.)

Laurence (leiſe zu Anna).

Muth, Anna, Muth! —

Mad. Rey
(mit Güte, Anna's Hand faſſend).

O, weine doch nicht... wir haben achtzehn Monate

auf ihn gewartet... und werden uns also noch länger gedulden können... (heiter) um ihn dann als General wiederzusehen. — Nun? — Kommt denn nicht wieder so eine komische Geschichte von seinem dicken Major Garnier, über den wir immer soviel gelacht haben... sieh doch nach... es kommt gewiß noch! —

Anna (mit Anstrengung).

Der Major Garnier... (Sie hält inne.)

Laurence (leise).

Muth, Anna!

Mad. Rey.

Nun —

Anna (mit Anstrengung).

„Der Major Garnier" —

Mad. Rey.

Ach, ich lache schon im Voraus!

Anna.

„Der Major Garnier... (kann nicht mehr fortfahren und läßt das Papier fallen) hat das Regiment verlassen."

Mad. Rey.

Wie Schade!

Anna (schnell fortfahrend).

„Adieu, Mutter, küsse in meinem Namen Frau und Schwester und bleibe mir stets meine gütige Mama." (Sie sinkt, überwältigt von soviel Anstrengung, auf das Canapée.)

Borel
(auf den Kamin gestützt, betrübt und weinend).

Arme Frau! — Arme Mutter! —

Mad. Rey
(sich schnell nach ihm umwendend).

Wer sprach denn dort? — Wir sind nicht allein! — Wer ist denn da? —

Anna,
(die sich schnell erhoben und zu Borel gegangen; leise).

Was haben Sie gethan? —

Mad. Rey.

Wer denn? —

Borel.

Ich, Madame... Borel!

Mad. Rey.

Borel!

Laurence.

Wir sind verloren!

Mad. Rey.

Sie hier, Herr Borel? —

Borel.

Ich kam gleichzeitig mit jenem Brief und wollte Ihre Freude nicht stören... ich blieb an der Thür stehen... bis ich endlich in dem überwältigendem Gefühl, mich bei Ihnen, in meiner zweiten Familie, zu befinden, meine Anwesenheit durch meine Thränen verrieth... Thränen der Freude, Madame.

Anna (leise zu Borel).

O Dank... Dank! —

Mad. Rey
(mit leichtem Vorwurf).

Sie haben meinen Sohn verlassen, von dem Sie sich niemals trennen sollten... weshalb haben Sie das gethan?

Borel.

Ich war gezwungen einen Urlaub zu nehmen, um hier eine Erbschaft zu ordnen... aber ich gehe wieder zurück.

Mad. Rey (froh).

Und Sie haben meinen Sohn wohl verlassen; nicht wahr?

Borel.

Ganz wohl!

Mad. Rey.

Kommen Sie... umarmen Sie mich im Namen meines Sohnes.

Borel.

O, von ganzem Herzen. (Umarmt sie.)

Mad. Rey.

Wir behalten Sie bis zu Ihrer Abreise hier. (Seine Kleidung betastend.) Ah! Sie sind nicht in Uniform... Schade! Nicht wahr, Herr Borel, Sie werden meinen Sohn nicht verlassen und wenn ihn eine feindliche Kugel treffen sollte, bin ich überzeugt, daß Sie ihn retten werden.

Borel (mit Anstrengung).

Ja, Madame, ja!

Mad. Rey (versucht aufzustehen).

Ihren Arm, Herr Borel, ich will mich auf mein Zimmer zurückziehen. Die Aufregung hat mich angegriffen, und mein Arzt sagt immer: „Ruhe, Ruhe! Die Aufregung kann Sie tödten." — Führen Sie mich bis an die Thüre... nachher kenne ich den Weg. — (Borel führt sie. Madame Rey reicht ihm die Hand.) Heute Abend sehe ich Sie wieder... und morgen! (Ab in ihr Zimmer.)

Fünfte Scene.
Borel. Anna. Laurence.

Borel
(Anna zu Füßen fallend, die rechts sitzt).

Verzeihung, Madame! — Ich bin ein Unglücklicher!

Anna.

Borel!

Borel.

Ich weiß jetzt Alles! Lassen Sie mich niederknieen vor Ihrer frommen Lüge.

Anna.

Nein! — Ich bin noch nicht gerechtfertigt!... Sie müssen mich bis zu Ende hören, um beurtheilen zu können, was ich gelitten habe. — An dem Tage, als vor achtzehn Monaten die Trauerbotschaft anlangte, waren Laurence und ich allein... der erste heftige Schmerz warf mich zu Boden. Als ich durch die gute Laurence wieder zu Leben und Besinnung zurückgerufen wurde, fiel unser erster Gedanke auf die arme Mutter, die noch Nichts wußte.... (Sie erhebt sich.) Ich trat in ihr Zimmer, ich breitete die Arme nach ihr aus und wollte ihr sagen: „Dein Sohn ist todt!" — Aber das Wort erstarb mir auf den Lippen und ich blieb stumm vor der armen Frau stehen, der Krankheit und Leiden ein frühzeitiges Alter bereitet haben... ich fühlte, daß meine Nachricht sie tödten würde... und ich floh aus dem Zimmer, um das Schluchzen der guten Laurence zu ersticken, damit sie sich nicht verriethe. — Als ich am andern Morgen die Mutter so ruhig und lächelnd fand, fehlte mir wieder der Muth zum Sprechen... so verflossen Tage, Wochen, Monate, und ich hatte noch Nichts gesagt. — Wir waren damals auf dem Lande, wo wir ein Jahr zu bleiben gedachten, und ich konnte Trauerkleider anlegen, ohne daß sie es merkte... bald aber genügte das Schweigen nicht mehr... wir mußten zur Lüge schreiten. — Mein Mann hatte sonst alle vierzehn Tage geschrieben, und die Mutter kannte sehr wohl die Termine, die stets Festtage für uns waren. — „Heut ist der Fünfte!" sagte sie, wie Sie es soeben gehört haben... „ist denn kein Brief vom Obersten gekommen?" — So ließ ich mich zu der traurigen Komödie verleiten, Borel, bei der Sie soeben Zeuge waren... zu der traurigen Komödie... Briefe vorzulesen, welche die kalte Hand ihres Sohnes nicht geschrieben hatte.

Anna.

Arme Anna, ja! — Arme Anna, die ihre Mutter belogen hatte und deren Strafe es wurde, die Lüge fortzusetzen, die ihre Trauer und ihre Klagen verbergen mußte und die dazu verdammt wurde, ihr Lächeln und ihren Schmuck zu zeigen. — Nach der Stadt zurückgekehrt, erinnerte die Mutter daran, daß der Winter da sei, um an Bällen und Vergnügungen Theil zu nehmen, und daß es der Wunsch meines scheidenden Gatten gewesen wäre, daß seine Frau und seine Schwester fortfahren sollten, sich in der Welt zu zeigen. — Ich versuchte sie auf andere Gedanken zu bringen, aber Alles war umsonst; meine Bitten, wie meine Weigerungen und... eines Tages gab ich nach... o... sie wird niemals erfahren, wie weh sie mir damit that... sie warf mir vor, daß ich Laurence nicht liebte... daß ich ihr das Vergnügen nicht gönnte.... Es war schrecklich! —

Laurence.

Verzeihe ihr, Anna... sie wußte ja nicht...

Anna.

Nun wissen Sie es, Borel, weshalb Sie die Wittwe des Obersten Rey auf jenem Ball gesehen haben... weshalb ich mich unter die glücklichen, lächelnden Frauen mischte... weshalb man mich endlich mit dem Namen beleidigt hat: Die lachende Anna.... (Schluchzend.) Die lachende Anna... o mein Gott! —

Borel.

O, ich Unglücklicher, was habe ich gethan!?

Laurence.

Was sagen Sie?

Borel.

Mein Glück war hier, in diesem Hause... und ich habe das Recht verloren, es zu betreten.

Laurence.

Sie!? —

Borel.

Erfahren Sie denn Alles. Dieser letzte Gedanke Ihres Bruders, den ich so brutal entheiligte, dieser letzte Gedanke, der mich hierher zurückführte, Laurence... war unsere Verbindung... mein Glück... mein Leben! —

Anna.

Nun!? —

Borel.

Getäuscht von dem falschen Schein, der Sie umgab, irre geleitet von einem ungerechten und grausamen Argwohn, habe ich meine Freiheit, meine Ehre verpfändet. — Ich ge-

3

höre mir selbst nicht mehr! — Leben Sie wohl, Madame! Leben Sie wohl, Laurence!

Anna.

O mein Gott!

Borel.

Leben Sie wohl! (Stürzt hinaus.)

Laurence
(auf einen Stuhl sinkend).

Ich sterbe!

(Der Vorhang fällt.)

Dritter Akt.

(Arbeits-Cabinet Bidaut's [nicht dasselbe wie im ersten Akt]. Mittel- und Seitenthüren. Rechts ein Bureau. Links ein Kamin.)

Erste Scene.

Bidaut (sitzt in einem Fauteuil am Kamin und liest ein Journal, das er dann in den Schooß fallen läßt).

Mademoiselle Laurence ... die Schwester des Obersten Rey ... verlassen wegen ... Merkwürdig, alle Leute, denen ich den Heirathscontract besorge, sind verrückt ... ich erkenne in der ganzen Provinz nur einen vernünftigen Mann an ... das ist der Notar ... wenn er sich nicht verheirathet. — Bah! (Beginnt wieder zu lesen.)

Zweite Scene.
Bidaut. Vincent.

Vincent
(von links eintretend und auf der Schwelle stehen bleibend).

Herr Bidaut ...

Bidaut.

Ah! Sie sind es! — Wird nach mir gefragt?

Vincent.

Der Bediente von Madame Rey ist da... Sie will um drei Uhr herkommen... einer Unterschrift wegen.

Bidaut.

Madame Rey? — Aber ich hätte eigentlich zu ihr gehen sollen. — Sonderbar, — seit dem Tode des Obersten ist das Haus für Jedermann verschlossen... selbst für den Notar... der sonst ein Passe=partout ist.

Vincent (zwischen den Zähnen).

Hm! — Dies abgeschlossene Haus harmonirt wenig mit dem leichtfertigen Leben der Madame Rey.

Bidaut (lachend).

Hahaha! — Das dachte ich mir! — Also Sie gehören auch zu den Rigoristen, die die arme Wittwe verurtheilen?

Vincent (näher tretend).

Würden Sie sie denn vertheidigen, Herr Bidaut?

Bidaut.

Ich? — Ich stehe immer außerhalb der öffentlichen Meinung. — Wenn ich diese arme Frau von der ganzen Stadt gerichtet, verdammt und verurtheilt sehe, kann ich nicht anders, als mich zu ihrem Cavalier und Advokaten machen. (Es klingelt.) Sollte sie schon da sein? — Sehen Sie doch nach, Vincent!

Vincent.

Ich, Herr Bidaut?

Bidaut.

Ah, es ist wahr... ich will Ihr zartes Gewissen nicht mit dem rosa Kleide in Verbindung bringen. (Lachend.) Sie könnten in Ohnmacht fallen, mein armer Vincent.

Dritte Scene.
Die Vorigen. Mad. Vanneau.

Vincent (lebhaft).

Sie ist es nicht, Herr Bidaut!

Bidaut (sich umwendend).

Madame Vanneau! — (Er steht auf.)

Vanneau (in der Mittelthür).

Haben Sie Zeit, Herr Bidaut? —

Bidaut (zu Vincent).

Lassen Sie uns allein. (Ihr entgegen.) Sie hier, Madame? bei mir? —

Vanneau.

Sie scheinen erstaunt, mich zu sehen?

Bidaut (höflich).

Ein wenig... ja! — aber vor allen Dingen bin ich auch ein wenig verwirrt und verlegen; denn bevor Sie einen Schritt weiter thun, bin ich gezwungen Ihnen zu sagen: Sehen Sie sich vor, Madame! — Sie treten in das Haus eines Feindes.

Vanneau (lächelnd).

Wie das?

Bidaut (fortfahrend).

Aber eines loyalen Feindes, der über seine Thür schreibt: „Hier sind Fuchseisen gelegt!"

Vanneau.

In der That? —

Bidaut.

Nachdem ich pflichtschuldigst diese Mittheilung gemacht, bitte ich ganz gehorsamst Platz zu nehmen. (Bietet ihr ein Fauteuil an.)

Vanneau
(lächelnd und den Fauteuil betrachtend).

Aber... nach dem, was Sie mir soeben gesagt haben, weiß ich wirklich nicht, ob ich es wagen darf...

Bidaut (heiter).

Beruhigen sich, Madame,... in diesem Stuhl sind keine Fuchseisen.

Vanneau (sich setzend).

Also Sie sind wirklich mein Feind? —

Bidaut (aufrecht vor ihr).

Ich bekenne es erröthend.

Vanneau.

Weshalb denn? — Sie erweisen mir ja eine große Ehre damit... nur mittelmäßige und gewöhnliche Menschen haben keine Feinde... und, um sich das Uebelwollen eines Mannes wie Sie zugezogen zu haben, muß man nicht ohne Verdienst sein.

Bidaut.

Also habe ich Ihnen geschmeichelt, Madame? —

Vanneau.

Unendlich... aber da Sie nicht der Mann sind, einen... platonischen Haß zu hegen... so frage ich Sie ganz offen... unter Feinden... was gedenken Sie gegen mich zu thun? —

Bidaut.

Fragen Sie mich lieber, was ich gethan habe, Madame!

Vanneau.

Ah! — Schon!? — Wohlan! — Geniren Sie sich nicht.

Bidaut
(neben ihr Platz nehmend).

Wahrhaftig, Madame, Sie machen es mir ordentlich bequem, und, da wir nun so gemüthlich beisammen sitzen, will ich Ihnen das Geständniß machen, daß ich vorgestern von Ihnen ein wenig und von Herrn Vanneau sehr schlecht gesprochen habe.

Vanneau (heiter).

Allerdings ein seltsames Geständniß... aber weshalb diese Uebelrede von Herrn Vanneau und mir? —

Bidaut.

Sie ahnen es wohl einigermaaßen... wie? —

Vanneau.

Das wäre traurig für Sie, denn es würde Ihnen das Verdienst des Geständnisses rauben.

Bidaut.

Sie haben Recht! — Wohlan denn! All das Schlechte habe ich zu Herrn Borel und wegen Herrn Borel gesagt.

Vanneau.

Ah! Das ist es! — Und welches Interesse verleitet Sie zu solchen Unterhaltungen? —

Bidaut.

Gar keins! — Ich treibe die Kunst der Kunst wegen.

Vanneau.

Sehr schön... und jetzt, da Sie mir Alles gesagt haben, habe ich nur noch hinzuzufügen... daß ich es bereits wußte.

Bidaut.

Das sind Sie allerdings im Stande.

Vanneau.

Und ich danke Ihnen für den Dienst, den Sie mir erwiesen haben.

Bidaut.

Ich habe Ihnen einen Dienst erwiesen, Madame? — Da bitte ich unterthänigst um Verzeihung... es war nicht meine Absicht.

Vanneau.

Sie werden mich sogleich verstehen....Es handelt sich hier um ein Terrain, auf das eine Frau zögert, ihren Fuß zu setzen... es handelt sich um Sachen, für die sie keinen Namen findet... so zum Beispiel, daß der Mann, dessen

Namen sie trägt, ihrer unwürdig war ... und daß sie ihn dennoch geliebt hat. — Diese Art von Geständnissen ist außerordentlich schwer und ohne Sie würde ich in einer höchst gefahrvollen Lage geblieben sein. — Sie aber, Herr Bidaut, durchglüht von einem wohlthätigen und segensreichen Hasse, Sie haben diese Sachen gesagt und ich brauche sie nur noch zu bestätigen.

Bidaut (lebhaft).

Sie!? — (Sich verneigend.) Ich bin geschlagen!

Vanneau (bei Seite).

Er wird schweigen, weil er glaubt, daß ich gesprochen habe.

Bidaut.

Aber ich lege die Waffen noch nicht nieder. — Erfahren Sie also, Madame, daß ich alle mir zu Gebote stehenden Mittel benutzen werde, um Herrn Borel mit einer Dame zu verheirathen, die eben nicht Madame Vanneau heißt.

Vanneau (lebhaft).

Aber hören Sie doch, Herr Bidaut ... ich liebe Borel, und zwar mit jener ersten Mädchenliebe, die nur mit unserm Tode endet.

Bidaut.

Ja, ja, ich weiß ... mit jener ersten Liebe ... die man oft mit Profit gegen eine zweite vertauscht.

Vanneau
(aufstehend, mit Verachtung).

Ich beklage Sie, Herr Bidaut ... Sie haben niemals geliebt!

Bidaut.

O, im Gegentheil, Madame ... mit einer wahren Wuth ... und oft!

Vanneau.

Desto schlimmer.

Bidaut.

Für mich?

Vanneau.

Für alle die, von denen Sie sprechen.

Bidaut (aufstehend).

Sehr gütig! (Bei Seite.) Sie ist reizend. — So liebe ich die Weiber.

Vanneau
(ihre Kaltblütigkeit wieder annehmend, mit verachtendem Ton).

Ich setze voraus, daß Herr Bidaut, der Weltmann, und Herr Bidaut, der Notar, der mich so artig empfangen und mir so viel Angenehmes gesagt hat ...

Bibaut.
Natürlich... natürlich! —
Vanneau.
Zweierlei Personen sind. — Nachdem ich den Menschen kennen gelernt habe, wende ich mich jetzt an den Notar. — Ist der Notar auch mein Widersacher? —
Bibaut.
Durchaus nicht... durchaus nicht!
Vanneau.
Man hat mir gesagt, daß Sie gern Geld verdienen!
Bibaut.
Man hat Sie nicht getäuscht, Madame... sehr gern! —
Vanneau.
Man muß auch verdienen.
Bibaut.
Viel!
Vanneau.
Geschäfte machen... die Meinen ebenso gut, wie die Anderer.
Bibaut.
Gewiß!
Vanneau.
Uebrigens sind Sie ein vereidigter Beamter und haben die Verpflichtungen, Instrumente auszufertigen.
Bibaut.
So gut wie möglich!
Vanneau
(ihm in's Gesicht blickend).
Gut denn! Ich ersuche also den Herrn Notar Bibaut, meinen Heirathscontract mit Herrn Borel zu entwerfen. (Sie blickt ihn fest an.)
Bibaut (lachend).
Das ist wirklich höchst originell, was Sie mir da sagen.. (sich verbeugend) aber ich werde Ihren Heirathscontract dennoch aufsetzen.
Vanneau (ebenfalls lachend).
Das lasse ich mir gefallen!
Bibaut.
Sprechen wir also vom Contract.
Vanneau.
Ja wohl. Sprechen wir vom Contract. (Nimmt eine Rolle, die sie beim Eintreten auf den Tisch gelegt hatte.) Ich habe alle nöthigen Papiere mitgebracht.

Bidaut.
Sie haben es wohl sehr eilig?
Vanneau.
Gestern sah ich die Erfüllung meiner Wünsche noch in ferner Zukunft... seit diesem Morgen jedoch ist ein Ereigniß eingetreten, das nur mich interessirt... und das auch zur Eile treibt. (Setzt sich neben das Bureau.)
Bidaut (bei Seite).
I! — sollte sich unser Stabsarzt abgekühlt haben!? — (Sich Madame Vanneau gegenüber setzend, laut.) So! — Nun wollen wir einmal sehen. (In den Papieren blätternd.) Ihr Taufschein... sehr gut! — Und dies? — Ah... Ihr erster Heirathscontract... (In den Papieren suchend.) Aber, ich finde nicht...
Vanneau.
Was?
Bidaut.
Die Hauptsache.
Vanneau.
Die Hauptsache? —
Bidaut.
Um den Contract aufzusetzen...
Vanneau.
Ich verstehe wohl... aber was fehlt denn?
Bidaut.
Der Todtenschein Ihres Mannes.
Vanneau (ruhig).
Der Todtenschein des Herrn Vanneau? — Das ist wohl nicht Ihr Ernst? —
Bidaut.
Gewiß ist es mein Ernst!
Vanneau.
Aber Sie wissen ja recht gut, daß ich ihn nicht habe und auch nicht haben kann... denn Herr Vanneau ist unter Umständen um's Leben gekommen, die...
Bidaut.
Sie verstehen mich nicht, Madame... ich weiß sehr wohl, daß am Bord eines Schiffes gewöhnlich kein Notar vorhanden ist... ich verlange deshalb auch kein gerichtliches Instrument von Ihnen... aber doch wenigstens eine Bestätigung, eine Beglaubigung...
Vanneau (mit unsicherer Stimme).
Ich habe keine solche.
Bidaut.
Aber sie ist nothwendig.

Vanneau (unruhig).

Sie wird... schwer zu erhalten sein... nicht wahr?

Bidaut.

Ja... es kann wenigstens lange dauern... aber, Dank unseren vortrefflichen Einrichtungen und Verbindungen mit allen Ländern, werden wir doch dahin gelangen, das Factum bestätigt zu erhalten... wenn das Factum nämlich wahr ist... daß Herr Vanneau wirklich todt...

Vanneau (plötzlich aufstehend).

Sie zweifeln also daran!? — Sie antworten nicht, Herr Bidaut?

Bidaut.

Mein Gott, Madame... ich zweifle gar nicht... aber es giebt falsche Annahmen...

Vanneau.

Ach nein! — Leider Gewißheiten!

Bidaut.

Gewißheiten... gut. — Aber Bidaut, der Mensch, verlangt von Bidaut, dem Notar, etwas Schriftliches da=darüber... (Lächelnd.) Es geht nicht anders.

Vanneau.

Aber es ist zwei Jahre her... zwei Jahre!

Bidaut.

Ganz richtig! — Ich entsinne mich sehr gut, damals die Beschreibung des Ereignisses gelesen zu haben. — Ihr Mann kommandirte das Packetboot... „den Orient"... nicht wahr?... Ja, ja, „den Orient!" — Er führte dreihundert Arbeiter nach Indien. — In der Höhe der Insel Bourbon brach eine Revolte aus... das Schiff gerieth in Brand und nur ein einziger Matrose rettete sich und erzählte die Begebenheit.

Vanneau.

Aber dieser Mann hat das brennende Schiff versinken sehen... und Niemand von der Besatzung ist jemals wieder zum Vorschein gekommen... Niemand!

Bidaut
(aufstehend und sich vor ihr verneigend).

Es wird uns hoffentlich auch gelingen, die nothwendige Bestätigung zu erhalten... und... die Situation, in der Sie sich befinden, kann ja nicht bis in die Unendlichkeit aus=gedehnt werden. — Sie sind ja nicht die einzige Frau... (Er sucht, während des Sprechens, in seinen Papieren und nimmt ein Blatt heraus, das er auf das Bureau legt.) Ja... ohne nach einem weitliegenden Beispiel zu suchen... Da haben wir ja in unserer Stadt...

                    Vanneau (lebhaft).

Wen denn?
                    Bidaut.

Madame Rey.
                    Vanneau (mit Interesse).

Nun?
                    Bidaut.

Deren Mann ebenfalls unter Umständen gestorben ist, die durchaus keine gesetzliche Feststellung erlauben.
                    Vanneau.

Sind Sie dessen gewiß?
                    Bidaut.

Ganz gewiß!
                    Vanneau.

Nun... und was hat sie begonnen?
                    Bidaut.

Ich weiß nicht.
                    Vanneau.

Sie hat doch jedenfalls Schritte gethan... denn man bleibt nicht in einem so entsetzlichen Zweifel... nicht wahr, Herr Bidaut?... Sie kann sich doch nun... ebensowenig wie ich...
                    Bidaut.

Wieder verheirathen? — Nein! — Die arme Frau!
                    Vanneau (schickt sich an zu gehen).

Ich muß Madame Rey sehen... ich kenne sie nicht, aber das thut Nichts... ich will zu ihr... ich weiß, wo sie wohnt. (Man klingelt draußen.)
                    Bidaut (seine Uhr ziehend).

Das können Sie bequemer haben, Madame... es ist drei Uhr... es war Madame Rey, die soeben geklingelt hat.
                    Vanneau.

Sie erwarteten sie?
                    Bidaut.

Wollen Sie sich noch einen Augenblick setzen... ich erbitte mir nur noch eine Unterschrift von Ihnen. (Präsentirt ihr den Fauteuil am Kamin. Madame Vanneau setzt sich darauf, so daß sie den anderen Personen den Rücken kehrt.)

Vierte Scene.

Die Vorigen. Anna Rey. Laurence.

                    Anna.

Ich wollte Ihnen den Weg zu mir ersparen, Herr Bi-

baut, und komme deshalb selbst zur Unterzeichnug der Voll=
macht, die Sie von mir verlangt haben.
Bidaut.
Hier ist sie, Madame! (Präsentirt ihr einen Stuhl und eine
Feder. Anna unterzeichnet schnell und giebt ihm das Papier zurück.)
Anna.
Ist es so gut?
Bidaut (lesend).
„Anna Duplessis. — Das genügt nicht... wenn Sie
gefälligst: „Verwittwete Rey" hinzufügen wollen. (Anna zit=
tert und die Feder entfällt ihr. Bidaut, den ihre Verwirrung in Er=
staunen gesetzt hat, nimmt die Feder auf und giebt sie ihr wieder.
Bei Seite, während Anna schreibt.) Die Stadt mag sagen, was
sie will... ich sage, daß dies die weinende Anna ist...
diese hier. —
Anna (aufstehend).
Ist das Alles?
Bidaut.
Für den Notar, ja... aber...
Vanneau
(aufstehend und Anna begrüßend).
Herr Bidaut sagte mir soeben, daß Sie mir vielleicht
einen Augenblick Gehör schenken würden...
Bidaut (vorstellend).
Madame Vanneau.
Anna.
Ich, Madame? — Aber ich bin nicht allein, und meine
Schwester...
Bidaut (zu Laurence).
Wenn Sie vielleicht einen Augenblick in meine Biblio=
thek treten wollen... (Laurence befragt Anna durch den Blick.)
Anna.
Geh, Laurence!
Bidaut (zu Laurence).
Darf ich bitten? (Links mit ihr ab.)

Fünfte Scene.
Madame Vanneau. Anna Rey.
Vanneau.
Die Veranlassung zu dieser für mich so wichtigen Unter=
redung dürfte vielleicht für Sie nicht ohne Interesse sein.
(Die Damen setzen sich.) Der Gatte, den ich beweine, Ma=
dame, ist unter Umständen gestorben, die seinen Tod nicht
gerichtlich feststellen ließen. — Es hat sich bei Herrn Bidaut

ein Zweifel hierüber erhoben, und das ist die Ursache, weshalb ich mit Ihnen zu sprechen wünschte.

Anna (erstaunt).

Mit mir, Madame? — Worin könnte ich Ihnen nützlich sein?

Vanneau.

Nach dem, was mir Herr Bidaut gesagt hat, besteht zwischen unseren beiderseitigen Verhältnissen eine traurige Analogie ... denn auch über den Tod Ihres Herrn Gemahls soll bis jetzt keine authentische Akte existiren ... ist das wahr, Madame?

Anna (verwirrt).

Das ist wahr. — Aber ich weiß nicht ...

Vanneau.

Ich denke, daß für Sie, ebenso wie für mich, ein so wenig begründeter Zweifel eine unerträgliche Schranke sein muß...

Anna (sie unterbrechend).

Ein Zweifel, sagten Sie? — (Plötzlich wie von einer Idee durchzuckt.) Ah! Sie sind besser, als ich!

Vanneau (erstaunt).

Madame...

Anna.

Eines Tages schrieb man mir: „Ihr Gatte ist nicht mehr!" ... und ich habe mich um weiter Nichts bekümmert, ich habe den Kopf gebeugt, unter dem Schlage, der mich getroffen. — Hätte ich mich nicht, im Gegentheil, erheben sollen und sagen: „Es ist nicht wahr; ich glaube Euch nicht! Gebt mir den Beweis seines Todes, ich will ihn, ich muß ihn haben! — Ah, Madame, Sie haben mich meine Pflicht gelehrt!"

Vanneau
(bei Seite; sie beobachtend).

Was will sie damit sagen?

Anna.

Ich weiß nicht, welche Hoffnungen man Ihnen gemacht hat und inwiefern dieselben sich realisiren lassen. — Ich, für mein Theil, hoffe Nichts... (Wie zu sich selbst.) Und dennoch wurde Borel verwundet und von meinem Mann getrennt, ehe derselbe... (Bei diesem Gedanken erschreckend.) O mein Gott, laß diesen Gedanken sich nicht meiner Seele bemächtigen! — Nein, nein! — Nur keine sinnlose Hoffnung... es ist vorbei... es ist Alles vorbei! — Von Allem, was ich liebte, bleibt mir nur ein Grabeshügel... im fernen, unbekannten Lande... ohne eine Blume... ohne eine Thräne. (Aufstehend.) Aber ich will gehen, um dies Grab zu suchen... es ist beschlossen, Madame, ich reise morgen ab... ich... (Inne haltend und über den kalten und beobachtenden Blick erstaunend, mit dem Madame Vanneau sie fixirt.) Sollten Sie mich nicht verstanden haben?

Vanneau.

Doch, Madame... (Bei Seite.) Ist das eine Komödie?... (Laut.) Und ich verstehe selbst die Regungen Ihres Herzens. — Aber es giebt Nothwendigkeiten, denen sich eine Frau unterwerfen muß... Ich habe keine Familie... Eine Wittwe von siebenundzwanzig Jahren, allein, ohne Stütze... ist so vielen Verleumdungen ausgesetzt... ich fühle, denselben gegenüber, meine Kräfte schwinden... und ich will... mich wieder verheirathen. (Anna schiebt bei diesen Worten instinktmäßig ihren Stuhl von ihr fort und betrachtet Madame Vanneau mit Entsetzen.) Ich heirathe Herrn Borel.

Anna (plötzlich aufstehend).

Herrn Borel!? — Das ist unmöglich!

Vanneau.

Weshalb denn?

Anna.

Herr Borel ist nicht mehr frei.

Vanneau (lebhaft).

Wer sagt das?

Anna.

Er ist nicht mehr frei, Madame! (Bei Seite.) Jetzt errathe ich, was er nicht wagte uns zu sagen.

Vanneau
(aufstehend und sich Anna nähernd).

Herr Borel war gestern bei Ihnen?

Anna.

Madame...

Vanneau.

Ich habe ihn Ihr Haus verlassen sehen... leugnen Sie nicht!

Anna.

Nun?

Vanneau.

Er war blaß, betäubt, und, als er mich bemerkte, suchte er vergebens seine Verwirrung zu verbergen. — (Aus sich heraus gehend.) Ah, nun kenne ich doch die Frau, die mir meinen Geliebten entreißen will.

Anna
(zitternd vor Indignation).

Bemerken Sie nicht, daß Sie mich beleidigen, Madame. — Sie sagten —

Vanneau.

Ja!

Anna.

Sie glauben, daß ein Mann diese Hand erhalten würde, die der kirchliche Segen dem Obersten Rey verband? — Sie glauben, daß ein Anderer die Stelle des Gatten einnehmen könne, der nicht mehr ist?... Sie glauben, daß ich zum zweiten Mal dies Herz verschenken werde, das der Tod mir nicht zurückgegeben? — Von allen Beleidigungen, die mir vorbehalten waren, ist dies die entsetzlichste! — Gehen Sie, Madame, gehen Sie! Auf dem Wege, den Sie eingeschlagen haben, werden Sie der Wittwe des Obersten Rey nicht begegnen. — Kein Wort weiter! — Wir können einander nicht verstehen. — Behalten Sie Ihre Maske, die eine neue Liebe verbarg; ich behalte die meine, die einen ewigen Schmerz bedeckt. (Laurence erscheint.)

Vanneau.

Aber, Madame... was wollte denn Herr Borel bei Ihnen? —

Sechste Scene.
Die Vorigen. Laurence.

Laurence.

Was er bei uns wollte, Madame? — Er wollte ein Wort zurücknehmen, das er meinem sterbenden Bruder gegeben... und wollte damit mein Herz brechen... er ist jetzt frei, Madame.

Vanneau (sich verneigend).

Genug, Mademoiselle, genug. — Sie haben soeben eine Erklärung begonnen, zu der mir Herr Borel das letzte Wort schuldet. (Zu Anna gehend, mit halber Stimme.) Ich bitte Sie um Verzeihung, Madame... (Bei Laurence vorbeigehend.) Leben Sie wohl, Mademoiselle!   (Ab.)

Siebente Scene.
Anna. Laurence.

Laurence
(ihre Thränen nicht mehr zurückhaltend).

Ah, Anna! —

Anna
(sie in ihre Arme schließend).

Laurence!

Laurence.

Das ist also das Geheimniß, das er nicht zu gestehen wagte. — Er liebt diese Frau... er heirathet sie... er verläßt mich.

Anna.

Und Du?

Laurence.

Ich liebte ihn. — Jetzt sind wir Beide Wittwe! — Aber Du wirst mich nie verlassen, Anna? —

Anna.

Und wenn ich doch gezwungen wäre, es zu thun?

Laurence.

Was sagst Du?

Anna.

Wenn ich reisen müßte... um sein Grab zu suchen?

Laurence.

Ah, mein Gott! — O Anna, gieb Dich nicht dieser trügerischen Hoffnung hin? —

Anna.

Einer Hoffnung... o nein! Aber ich will, ich muß reisen.

Laurence.

Und die Mutter?

Anna.

Bleibt Deiner Sorge überlassen.

Laurence.

Aber ich werde nicht die Kraft haben sie zu täuschen, ich werde mich verrathen... sie wird Alles erfahren.

Anna
(sich schnell der Thür nähernd und rufend).

Herr Bidaut!

Achte Scene.
Die Vorigen. Bidaut.

Anna.

Herr Bidaut... ich habe die Absicht, einen Theil meiner Habe zu veräußern... würden Sie wohl die Güte haben, morgen zu mir zu kommen, um mir Ihren Beistand zu leihen?

Bidaut.

Wann befehlen Sie?

Anna.

Ich werde den ganzen Tag zu Hause sein.

(Mit Laurence ab.)

Neunte Scene.
Bidaut. (Dann) **Vincent.**

Bidaut
(allein, ihr mit den Augen folgend).

Ei! Ei! — Sie wird auch lebendig, die kleine Dame! Die ganze Welt ist lebendig! — (Recapitulirend.) Gestern Herr Borel, schäumend vor Wuth; heute morgen Madame Vanneau, sterbend vor Furcht bei der Idee... ihren geliebten Gatten wiederzufinden... jetzt eben das junge Mädchen, und zu guter Letzt auch Madame Rey. — (Lachend.) Es fehlte blos, daß ich auch noch den Kopf verlöre! — Aber das werden wir bleiben lassen. — Herr Bergerin, mein alter Freund, gab mir stets den Rath: Bidaut, alte Seele, laß um Dich herum lachen, weinen, schreien... aber immer ruhig Blut dabei, keine Uebereilung, keine Aufregung, mein alter Freund. — Lege Dein Herz in Deinen Tabakskasten und schreibe ruhig Deine Akten. — Und so wollen wir es immer halten.

Vincent
(draußen, mit athemloser Stimme).

Herr... He... Herr... Bidaut!

Bidaut (lebhaft).

He!? —

Vincent
(tritt ein, blaß, zum Tode abgespannt und erschreckt, indem er sich an allen Meubeln hält).

Ah... Herr... Bidaut!

Bidaut.
Mein Gott... was ist denn?

Vincent
(auf einen Stuhl sinkend).

Er lebt... er lebt! —

Bidaut.
Wer lebt?

Vincent.
Ich habe ihn soeben gesehen... von Angesicht zu Angesicht...

Bidaut.
Aber wen denn? Wen denn?

Vincent
(mit Anstrengung aufstehend und Bidaut einen Brief gebend).

Das hat er mir gegeben... für Sie.

Bibaut.

Diesen Brief? — Aber wer? — (Vincent wanken sehend.) Mein Gott, nun wird mir der noch ohnmächtig! (Vincent sinkt ohnmächtig auf einen Stuhl. Bibaut klingelt stark.) Heda! — Hülfe! — Ist denn Niemand da!? — (An die Thür laufend.) So kommen Sie doch!

Zehnte Scene.
Die Vorigen. Alle Schreiber.

Bibaut.

Schnell! — Luft! — Ein Glas Wasser! — (Der Schreiberbursch und ein anderer Schreiber laufen hinaus nach Wasser, während der zweite Schreiber sich mit Vincent beschäftigt.) Was ist ihm denn eigentlich passirt? — Ah! dieser Brief! — (Vincent mitleidig ansehend.) Keine Aufregung, alter Freund ... immer ruhig! (Der dritte Schreiber läuft mit einem Glase Wasser herbei, das er Vincent an die Lippen hält. Bibaut liest die Aufschrift des Briefes.) „An Herrn Bibaut, Notar"... (Oeffnet den Brief und liest.) „Mein Herr! Ich wende mich mit der Bitte an Sie, meiner Frau mittheilen zu wollen..." Und die Unterschrift? — (Einen Schrei ausstoßend.) Ah! (Er sinkt auf einen Stuhl und reißt sich das Halstuch ab. Der Schreiberbursch läuft mit einem zweiten Glase Wasser auf die Scene.) Gieb mir das Wasser, mein Junge! — Ich brauche es eben so nothwendig wie Der da! (Trinkt.)

(Der Vorhang fällt.)

Vierter Akt.

(Zimmer bei Anna Rey. Dasselbe wie im zweiten Akt.)

Erste Scene.

Anna. Laurence (auf dem Canapé sitzend. Später) **Meunier.**

Anna,
(die Laurence's Hand in der ihrigen hielt, einem plötzlichen Entschluß folgend und aufstehend).

Es muß sein!

Laurence
(sie wieder niederziehend).

Anna!

Anna.

Suche nicht, mich meinem Entschluß abwendig zu machen ... es ist vielleicht so am Besten. Sagtest Du mir nicht bei Herrn Bidaut, daß Du es nicht verstehen würdest, die Mutter zu täuschen, wenn ich fort sein würde?

Laurence.

Ich werde es versuchen.

Anna.

Aber wollen wir es nicht endlich genug sein lassen mit der Lüge?

Laurence.

Diese Lüge erhält der Mutter das Leben.

Anna.

Und soll denn diese Komödie ewig dauern... und kann sie es selbst? — Welcher ungeheuren Vorsicht hat es seit achtzehn Monaten bedurft, um die Mutter zu isoliren und ihr die Wahrheit fern zu halten. — Wir mußten das Haus verschlossen halten wie ein Kloster, unsere Dienerschaft unaufhörlich instruiren und überwachen und lebten selbst in einer fortwährenden Angst, zitternd bei jedem Klingelzuge, bei jedem Wort, das uns verrathen konnte. — Und dennoch, dennoch wird eines Tages, trotz aller unserer Vorsicht, die

Wahrheit hervorbrechen, durch ein Wort, einen Schrei, eine Thräne... die man nicht zurückzuhalten vermochte... und dann gerade wird der plötzliche Schlag die arme, unvorbereitete Mutter treffen... und sie tödten.

Laurence.

Wohlan denn... ich will Deinen Entschluß nicht mehr bekämpfen... aber überlege noch... versprich mir noch zu warten... einen Tag, einen einzigen Tag nur.

Anna.

Es sei! (Meunier tritt von rechts ein.) Was giebt's, Meunier?

Meunier (zu Anna).

Madame hat Sie kommen hören und wünscht Sie zu sprechen.

Laurence (lebhaft).

Mich, nicht wahr!

Meunier.

Nein... Madame.

Anna.

Ich komme gleich!

Meunier (durch die Mitte ab).

Laurence (leise, unruhig).

Anna, was willst Du thun?

Anna.

Die Mutter ruft.

Laurence.

Anna... ich bitte Dich... warte noch... sage es ihr erst morgen.

Anna.

Ja... morgen! (Zu sich selbst und wie einem geheimen Entschluß antwortend.) Muth! (Rechts ab.)

Zweite Scene.

Laurence. (Dann) **Bidaut** (und) **Borel.**

Laurence (unruhig).

Sollte sie mich täuschen? — O, es ist schlecht von mir zu zweifeln... aber ich fürchte... (Sie nähert sich der Thür der Madame Rey und horcht. — Bidaut und Borel erscheinen durch die Mitte.)

Borel (zu Bidaut).

Ah, Herr Bidaut... welche Freude... welche...

Bidaut (Laurence bemerkend).

Nicht so laut! — Sehen Sie!

Borel (leise).

Laurence.

Bidaut (leise).

Lassen Sie uns allein.

Borel (sich zurückziehend).

Sie haben Recht...

Bidaut (ihn zurückhaltend).

Treten Sie da hinein... in den kleinen Salon.

Borel.

Ich erwarte Sie dort.

Bidaut.

Ja... gehen Sie nur... und kein Geräusch gemacht. (Borel links und Bidaut schließt die Thür.)

Laurence (sich bei dem Geräusch umwendend).

Ah!

Dritte Scene.
Bidaut. Laurence.

Bidaut.

Ich bin es, Mademoiselle... (Geheimnißvoll.) Sind wir allein?

Laurence (erstaunt).

Allein?... Ja!

Bidaut (ebenso geheimnißvoll).

Wo ist Ihre Frau Schwägerin?

Laurence.

Sie ist bei der Mutter.

Bidaut (seinen Hut auf das Piano stellend).

Gut!

Laurence.

Aber was ist Ihnen, Herr Bidaut? — Ihre Stimme zittert... Sie scheinen bewegt. —

Bidaut.

Ich bin es, Mademoiselle... das ist eine Schande für den Notar... aber ich habe noch keine rechte Uebung im Geschäft... später wird das nicht mehr vorkommen.

Laurence.

Bewegt... und weshalb?

Bidaut.

Glauben Sie mir... ich habe Ursache dazu.

Laurence.

Ein großes Unglück vielleicht!? —

Bibaut.
O pfui! — Nein... ein großes Glück!

Laurence.
Für Sie?

Bibaut.
Für Alle zusammen, Mademoiselle... und ich bitte um die Erlaubniß, mit Ihnen anfangen zu dürfen.

Laurence (ihn ruhig anblickend).
Sie sprechen von einem großen Glück... und doch...

Bibaut (mit Güte).
Sie sind noch sehr jung, Mademoiselle, und können noch nicht den Muth besitzen, den man sich in den Kämpfen des Lebens aneignet. (Ihre Hände nehmend.) Und doch müssen Sie heute Ihre ganze Kraft zusammennehmen und stark und tapfer sein, um zu hören, was ich Ihnen sagen werde.

Laurence.
Sie erschrecken mich, Herr Bibaut.

Bibaut.
Schon!? — Ah! — Bitte, setzen Sie sich in jenen Fauteuil... man kann nicht wissen... es ist meinerseits eine Vorsicht und eine Garantie.

Laurence (sich rechts setzend).
Ich sterbe vor Angst.

Bibaut
(einen Stuhl für sich selbst holend).
Das wäre in der That ein ganz ungeeigneter Moment.

Laurence.
Aber nun sprechen Sie doch.

Bibaut
(verlegen, wie er eigentlich anfangen soll und seine eigene Bewegung beherrschend).
Mademoiselle... In der Zeit, als Ihr Bruder, der Oberst Rey, in Afrika den Heldentod starb, kam auf einem brennenden Schiff auch ein anderer Mann um's Leben... Herr Vanneau... Nun kommt der Moment, wo sie sich etwas werden beherrschen müssen... also, Mademoiselle... einer von diesen beiden Männern ist nicht todt.

Laurence.
Wie!!? —

Bibaut (lebhaft).
Ich weiß es mit Bestimmtheit... aber welcher?... kann ich nicht sagen.

Laurence.
Ach, mein Gott!

Bidaut.

Ruhe... wenn ich gehorsamst bitten darf.... Hören Sie also weiter: Sie lieben... (Sich unterbrechend.) Verzeihen Sie, Mademoiselle, ich berühre da einen delikaten Gegenstand, aber es geht nicht anders... Sie lieben also Herrn Borel und er liebt Sie wieder... Glauben Sie mir, — das kömmt häufig in unserem Geschäft vor... damit wissen wir Bescheid... trotzdem will aber Herr Borel eine Andere heirathen. — Wenn ich Ihnen nun sagte... (lebhaft) ich weiß es nicht, ich setze es nur voraus.... Wenn ich Ihnen also sagte: „Er wird diese Andere nicht heirathen; die Verbindung ist unmöglich... weil Madame Vanneau nicht frei ist... da Herr Vanneau nicht todt ist."

Laurence.

Ah! — (Den Kopf senkend, wie von der Freude zum Schmerz übergehend.) Also es ist Herr Vanneau?

Bidaut (sie beobachtend).

Nun... und wenn er es wäre... würde Sie das nicht glücklich machen? —

Laurence.

Ich glaubte erst, Sie würden mir meinen Bruder wiedergeben.

Bidaut.

Und wenn ich Ihnen Herrn Borel wiedergebe?... Lieben Sie ihn noch?

Laurence.

Wenn Herr Borel mir ein freies Herz freiwillig geboten hätte, würde ich stolz gewesen sein, es anzunehmen. Aber wenn man mich nur liebt, weil man eine Andere nicht mehr lieben kann, wenn man mich nur heirathet, weil die Verbindung mit der Anderen unmöglich geworden ist,... nein... eine solche Handlung würde meiner wie seiner unwürdig sein... und ich achte Herrn Borel zu hoch, als daß ich glauben könnte, er habe auch nur einen Augenblick daran gedacht. — Sie werden ihn falsch verstanden haben, Herr Bidaut... aber mich werden Sie hoffentlich verstehen und kein Wort mehr über diese Angelegenheit fallen lassen. (Sie steht auf.)

Bidaut
(ebenfalls aufstehend; mit Eclat).

Sehr schön, Mademoiselle, sehr schön! Sie sind ein edles, junges Mädchen... und dort drin ist Jemand, der Ihnen das auch bestätigen wird. — Kommen Sie, Herr Borel! —

Borel!?

Vierte Scene.
Die Vorigen. Borel.

Bidaut
(zu dem eintretenden Borel).

Sie werden mir helfen, meine Aufgabe zu lösen. (Sucht sich zu beherrschen.) Mademoiselle! Ich habe Sie getäuscht… ich wollte durch eine Probe Ihre innere Bewegung erschöpfen und Sie auf die Wahrheit vorbereiten! — Lassen wir also Madame Vanneau immer Wittwe bleiben und frei sein.

Laurence (ihn fest anblickend).

Aber Sie sagten doch… daß Sie nicht wüßten… (Bidaut schüttelt den Kopf) welcher…

Bidaut.

Nein.

Laurence.

Aber dann… (Bidaut will antworten, die Stimme versagt ihm aber. Laurence einen Schrei ausstoßend.) Mein Bruder!

Bidaut
(an die Thür der Madame Rey laufend).

Nicht so laut! Nicht so laut! (Wiederkommend und ihr einen Brief zeigend.) Kennen Sie die Hand?

Laurence.

Ja, ja!

Bidaut.

Diese Unterschrift?

Laurence.

Die Seine.

Bidaut.

Dies Datum?

Laurence.

Gestern.

Bidaut.

Lesen Sie also.

Laurence,
(die den Brief genommen hat und zu lesen versucht).

Ich kann nicht… ich kann wahrhaftig nicht… ich sehe Nichts.

Bidaut
(ihr den Brief abnehmend und eine Thräne trocknend).

Ich werde zwar auch Nichts sehen, aber ich weiß ihn auswendig: „Für todt auf dem Schlachtfelde zurückgelaffen, befand er fich, zum Leben zurückgekommen, in der Gewalt der Kabylen."

Borel (fortfahrend).

„In der härteften Gefangenschaft war er aller Mittel, Kunde von sich zu geben, beraubt und nur eine neue Expedition konnte ihn befreien."

Laurence.

Nun?

Borel.

Sie hat stattgefunden! — Er ist frei! —

Laurence.

Er kommt zurück? —

Bidaut.

Er ist zurückgekommen.

Laurence.

Sie haben ihn gesehen?

Bidaut.

Wir haben ihn eben verlassen.

Laurence
(sich in gänzlicher Selbstvergessenheit an Bidaut's Hals werfend).

Ah, mein Herr, wie soll ich Ihnen danken!? —

Bidaut (heiter).

Wenn Sie es durchaus wollen, so können Sie mir schon danken... und Sie auch, Herr Borel!

Borel.

So sprechen Sie!

Bidaut
(sich die Stirn trocknend).

Ah! Ich habe heut' viel gesprochen und viel gelogen. (Sehr schnell sprechend und Laurence festhaltend, die ihn kaum hört.) Wissen Sie, wo ich vorhin gewesen bin? — Bei Madame Vanneau! — Wissen Sie, was ich dort gethan habe? — Es war etwas dreist, aber es konnte glücken... Vincent hatte mir vor seiner Ohnmacht keinen Namen genannt... der Mann, der lebte, konnte also eben so gut Vanneau wie Rey sein... für sie war es Vanneau! — „Ihr Gatte lebt, Madame! — Er ist zurück... ich habe ihn gesehen!" — Bei diesen Worten fiel die Maske... der ehrwürdige Greis, den man beweinte, wurde zum unwürdigen Gatten, den man verabscheute... (Zu Borel.) Zum Beweise kann ich Ihnen die Scheidungsklage zeigen, die sie hat aufsetzen laffen... Ah! Da habe ich mir nun eine Feindin für's Leben erworben... aber ich gewinne zwei Freunde dafür... das ist ein gutes Geschäft.

Laurence.
Ja! Zwei Freunde!

Bidaut (ihre Hände nehmend).
Borel hat mir Alles gesagt; ich weiß, was seit achtzehn Monaten in diesem Hause vorgeht! — Ich weiß, daß ich Recht that, Diejenige zu vertheidigen, die die ganze Stadt kränkte. — Ich weiß endlich, Mademoiselle, durch welche heroische Lüge Sie Ihre Mutter täuschten.

Laurence
(mit einem Angstschrei an die Thür ihrer Mutter eilend).

Ah, mein Gott!

Borel.
Sie erbleichen.

Laurence.
Ich hatte vergessen... Anna ist zu der Mutter gegangen...

Bidaut.
Nun?

Laurence
(in der größten Unruhe).

Sie wollte verreisen und... vorher... wollte sie... der Mutter Alles entdecken... o, vielleicht weiß sie schon in diesem Augenblick, daß ihr Sohn todt ist.

Bidaut (lebhaft).
Das muß verhindert werden... schnell! (Madame Rey erscheint in ihrer Thür.)

Fünfte Scene.
Die Vorigen. Madame Rey.

Mad. Rey
(zitternd, blaß; mit tonloser Stimme).

Anna! — Anna! — Wo bist Du denn? — Sie hat mich verlassen.

Laurence (zu ihr gehend).
Was ist Dir denn, Mama?

Mad. Rey (ihren Arm ergreifend).
Laurence! — Was ist hier vorgegangen? — Ich will Alles wissen! —

Bidaut (leise zu Borel).
Sie weiß nichts!

Mad. Rey.
Was hat mir Anna sagen wollen? — Sie tritt in mein Zimmer... kniet neben mir nieder und küßt meine Hände... ich werde unruhig... befrage sie... aber erhalte

nur unterdrücktes Schluchzen zur Antwort. — Ich bitte... ich flehe... und endlich höre ich Worte, entsetzliche Worte, mit denen man Jemand auf ein großes Unglück vorzubereiten pflegt... ich verlange Alles zu wissen... ich bitte... befehle... da entreißt sie sich meinen Armen und entflieht! (Mit Kraft.) Laurence! Wenn mein Sohn todt ist, soll man es mir nicht verbergen.

Bidaut.

Nein, Madame!

Mad. Rey (zitternd).

Wer ist dort? — Ich kenne die Stimme nicht.

Borel.

Herr Bidaut... der Notar.

Mad. Rey.

Der Notar? — (Zu Bidaut.) Also Sie haben die entsetzliche Nachricht gebracht? —

Bidaut (heiter).

Ich eine schlechte Nachricht, Madame? — Ah! — Damit befasse ich mich niemals.

Mad. Rey.

Aber...

Bidaut.

Ich bringe allerdings etwas Interessantes für Sie... ich bringe... einen Brief von Ihrem Sohn.

Mad. Rey.

Einen Brief... von meinem Sohn...

Bidaut.

An mich, Madame.

Mad. Rey.

Und Sie täuschen sich nicht?

Bidaut.

Ein Notar!? — Was ich sage ist immer authentisch.

Laurence.

Ja, ja, Mama... Du kannst ihn nicht sehen... aber Du kannst ihn doch fühlen... sagt Dir denn Dein Herz nichts? —

Mad. Rey
(ihren Finger über den Brief laufen lassend).

Ja... ja... aber was war denn meiner Anna? —

Laurence.

Eine Gemüthsunruhe... die vor diesem Brief schwand.

Mad. Rey.

Und Du?

Laurence.

Nun, weine ich denn? — Ich bin glücklich, ich lache... und Herr Borel und Herr Bidaut auch.

Bidaut.

Ja, ich lache auch, Madame... so gut es einem Notar möglich ist.

Laurence
(Madame Rey auf's Canapé ziehend).

Nun beruhige Dich nur wieder, Mama.

Mad. Rey.

Ja... und um mich ganz zu heilen, lies nur schnell... (freudig) den Brief von meinem Sohn vor.

Laurence (bei Seite).

Und der ist diesmal keine Lüge. (Während Bidaut hinter dem Canapé stehend, Laurence die Stelle in dem Briefe bezeichnet, die sie lesen soll, tritt Anna durch die Mitte ein und bleibt an der Thür stehen.)

Sechste Scene.
Die Vorigen. Anna.

Anna (für sich).

Sie ist nicht allein. (Sie bleibt von den Anderen unbemerkt.)

Mad. Rey (zu Laurence).

Nun!

Anna (für sich).

Was macht denn Laurence?

Laurence.

Nun höre, Mama.

Anna (für sich).

(Ein Brief... (Traurig.) Sie auch! — Immer, immer lügen! (Sie stützt sich auf die Lehne eines Fauteuils, gleichgültig gegen das Vorgehende.)

Mad. Rey.

Er schreibt von?...

Laurence.

Du wirst ja sehen. (Lesend.) „Am 15. Juni attakirte eine Colonne der neuen Expedition das Kabylenlager, rächte mein braves Regiment und befreite mich"...

Mad. Rey (lebhaft).

Befreite!? — Er war also gefangen? — Und man hat mir nichts davon gesagt? (Anna erhebt den Kopf und scheint erstaunt zuzuhören.)

Laurence.

Nun, da er frei ist... da...

Bidaut.

Fahren Sie fort, Mademoiselle.

Laurence (lachend).

„Am 24., dem Geburtstage Anna's, schiffte ich mich in Algier ein. (Anna macht einen Schritt und ihr Erstaunen scheint sich zu verdoppeln.) „Endlich werde ich sie wiedersehen... und meine Mutter... und Laurence!"

Mad. Rey.

Mein guter Sohn! (Anna schreitet langsam immer näher gegen die Gruppe vor und drückt in ihrem Blick eine auf's Höchste gesteigerte Aufmerksamkeit aus.)

Laurence (lesend).

„Wird man mich wiedererkennen? — Sagen Sie Ihnen im Voraus, mein Herr, daß das Leiden mein Haar ein wenig gebleicht und einige Runzeln in meine Stirn gegraben hat... Alles ist an mir verändert, selbst meine Epauletten, denen man zwei Sterne hinzugefügt hat..."

Mad. Rey.

General... ich sagte es ja.

Laurence (fortfahrend).

„Melden Sie dies Alles, mein Herr... denn ich will gleich erkannt sein, wenn ich morgen meine Lieben umarme."

Mad. Rey.

Morgen!? (Anna, die sich nicht länger zu halten vermag, stürzt gegen die Gruppe vor, ergreift den Brief, wirft die Augen hinein, ihre Freude macht sich in unarticulirten Tönen Luft, sie fällt auf die Knie, indem sie die Augen schließt.)

Bidaut (Anna unterstützend).

Madame!

Laurence.

Anna!

Mad. Rey.

Anna war da!

Anna

(öffnet die Augen, sieht sich in der Runde um und wirft sich dann in die Arme der Madame Rey).

O Mutter! Mutter! Er ist nicht todt!

Mad. Rey

(sich plötzlich erhebend).

Du glaubtest es also?

Anna.

Ja!... Ein Traum!... Oh!... Ein entsetzlicher Traum! — Aber ich bin nun wieder wach!... Ja!... Nicht wahr? — Ich bin nicht wahnsinnig? — Dieser Brief, den ich fühle, den ich küsse... er ist von ihm... von ihm! — Wie gut doch Gott im Himmel ist... und wie schön das Leben! — (Sie umfaßt Madame Ney und Laurence und bedeckt Beide mit Küssen.)

Bidaut
(triumphirend zu Madame Ney).

Sehen Sie, Madame, Sehen Sie... daß... daß... (Seinen Satz nicht beendigen könnend und mit dem Fuß aufstampfend.) Ein Notar, der weint!... und nicht einmal eine Brille, die Schande zu verbergen.

Anna (zu ihm gehend).

O, verzeihen Sie mir, Herr Bidaut... wo ist er?...

Bidaut (klingelnd).

Er wird in wenigen Minuten hier sein.

Borel
(nimmt den eintretenden Meunier bei Seite).

Gehen Sie schnell in's Hotel de France... Sie werden dort Jemand finden, der Ihnen folgen wird.

(Meunier ab.)

Anna.

O bitte, bitte, führen Sie mich zu ihm!

Bidaut.

Nur noch wenige Augenblicke Geduld... wir haben vorher noch eine andere kleine Angelegenheit in Ordnung zu bringen; die erste Frage des Obersten an Borel war: bist Du Laurence's Gatte? — Wenn er nun hierherkommt und auch das Fräulein fragt: liebe Schwester, bist Du Borel's Frau? — Was wird man antworten? —

Anna.

Ja!! (Laurence senkt die Augen. Es wird an der Außenthür heftig geklingelt. Anna, Bidaut und Borel stürzen gegen die Thür, während Laurence zu ihrer Mutter läuft, welche die Aufregung an ihren Stuhl fesselt.)

(Der Vorhang fällt.)